MERIAN

Reiseführer

Toskana

Thomas Migge

AF204773

CIAO TOSKANA!

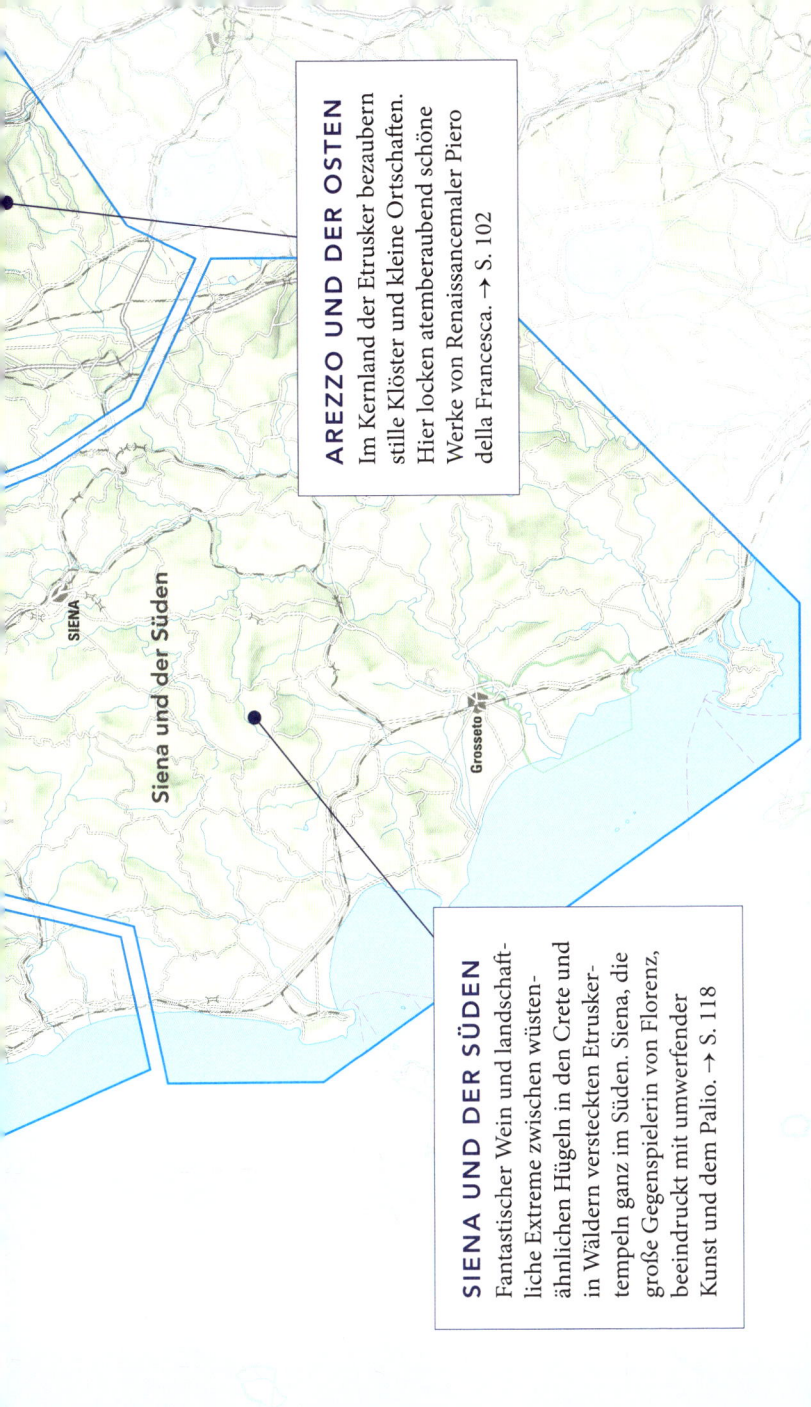

AREZZO UND DER OSTEN

Im Kernland der Etrusker bezaubern stille Klöster und kleine Ortschaften. Hier locken atemberaubend schöne Werke von Renaissancemaler Piero della Francesca. → S. 102

SIENA

Siena und der Süden

Grosseto

SIENA UND DER SÜDEN

Fantastischer Wein und landschaftliche Extreme zwischen wüstenähnlichen Hügeln in den Crete und in Wäldern versteckten Etruskertempeln ganz im Süden. Siena, die große Gegenspielerin von Florenz, beeindruckt mit umwerfender Kunst und dem Palio. → S. 118

KARTEN UND PLÄNE

DIE THEMEN DER REGION

Die neuen Uffizien – Umdenken in den heiligen Hallen der Renaissancekunst 32 | Festivalkultur – Keine andere Region Italiens bietet Festivals in so schönem Ambiente 40 | Toskanischer Adel heute – Unternehmer, Winzer, Hoteliers 60 | Kunsthandwerk vom Feinsten – Zu Besuch bei der berühmtesten deutschen Schuhmacherin Italiens 80 | Winzerarchitektur – Wo Kunst, Architektur und Winzer zusammenkommen 84 | Medici-Villen – Das sehr reizvolle Landleben der Herrscher von Florenz 88 | Prato – Italiens Mekka für Stoffe und Menschen aus China 92 | Unbekannte Toskana – Tiziano Terzanis wilde und versteckte Toskana 100 | Wein – Von Reben in Fässern und in Meerwasserkörben 130 | Hochhäuser – Geschlechtertürme waren die ersten Wolkenkratzer Europas 136 | Etrusker – Den Vorfahren der Römer auf der Spur 148 | Jüdische Toskana – Zu Besuch im kleinen Jerusalem 154 | Renaissance – Lagen ihre Anfänge in Pisa? 162 | Buddhismus in der Toskana – Die Toskana scheint Buddhisten magisch anzuziehen 170 | Puccinis Toskana – Junge Frauen, schnelle Autos, ergreifende Opern: bei Giacomo Puccini 178

TOUREN UND AUSFLÜGE

Vetulonia und die Etrusker: durch das Land des rätselhaften Volkes 190 | Maremma: Küste zwischen Meer und Hügeln mit reichen Naturschätzen 194 | Mugello: Der unbekannte Norden von Florenz gilt als Vorgarten der Metropole 198 | Elba: Perle im Mittelmeer und außerhalb der Sommersaison ein Paradies 202

MEINE TOSKANA

Ein Traum von einer Region. Auch für den Autor, der in Rom lebt, also knapp zwei bis drei Stunden entfernt. Immer in den Ferien macht er sich auf, mit Familie und Freunden, um den Verführungen der Toskana zu erliegen.

Jedes Mal, wenn wir in Rom den Wagen vollpackten, herrschte eine ganz besonders ausgelassene Stimmung. »Wir fahren in unseren Toskana-Turm!«, rief die kleine Virginia, mein Patenkind, und sprang vor Freude um das Auto und uns Erwachsenen zwischen die Beine. Unsere Torre Tarugi im malerischen Val d'Orcia war leider nie unser Turm. Doch jedes Jahr mieteten wir ihn. Mehrere Jahre lang. Das Val d'Orcia: flache Ebenen, kegelförmige und auch sanft ansteigende Hügel und nur wenige Bäume. Im Sommer fuhren wir immer wieder von unserem Turm aus zu den Konzerten im Landgut La Foce. Unsere Freundin Benedetta Origo organisiert diese in ihrer herrschaftlichen Residenz. Vor den *spettacoli* ein paar Häppchen mit Prosecco am Büfett, den Blick ins Val d'Orcia gewandt – mit unserem Turm, den man deutlich in der Abendsonne erkennen konnte, der wie ein Ausrufezeichen gen Himmel wies … und unser Glück war perfekt. Dann wechselte der Turm seinen Besitzer, und wir konnten ihn nicht mehr mieten. Doch auch ohne Turm kommen wir jedes Jahr wieder. An zauberhaften Ferienhäusern herrscht ja in der Toskana kein Mangel. Die Toskana ist chronisch »in«. Vor allem bei Deutschen.

> »Florenz ist klein. Vom Piazzale Michelangelo aus gesehen wirkt sie wie ein Kind im Karnevalskostüm.«
>
> Leonardo Pieraccioni, Regisseur und Schauspieler

Mit etwa 3,7 Millionen Bürgern ist diese Region eine der größten, aber auch am dünnsten besiedelten des italienischen Stiefels. Eine Region von so großen landschaftlichen Gegensätzen, dass es ein gravierender Fehler wäre zu behaupten, die Toskana sei so oder so und nicht anders. Da ist der bergige Apennin mit seinen Beckenlandschaften Garfagnana oder

Lange sommerliches Familiendomizil: die Torre Tarugi südlich von Pienza.

dem Val d'Arno. Da sind die Tuffgebiete im Süden und der Berg Monte Amiata, der sich wie ein isoliert stehender Vulkan in die Höhe reckt. Es gibt herrliche Sandstrände an der Küste und die Maremma, die einzige Gegend der Toskana übrigens, wo man auch ein Häuschen erstehen kann, ohne ein Millionär zu sein. Und dann erst die Inseln, die zum Teil unbewohnt sind und auf denen Tiere leben, die es woanders nicht mehr gibt.

Die Präsenz von immer mehr VIPs wirkt sich negativ nicht nur auf die Immobilienpreise aus. In der Toskana ist alles ein bisschen teurer als anderswo. Aber die Landschaft ist so ungemein reizvoll, dass man einmal tiefer in die Tasche greifen sollte, um hier Ferien zu machen. Und: Es gibt ja auch Unterkünfte, für die kein halbes Monatsgehalt weggeht. Man muss halt nur ein wenig länger suchen und vorbuchen. Und zur Not gibt es ja auch traumhaft gelegene Campingplätze.

Thomas Migge, 1960 im grauen Hagen geboren, zog es während seines Studiums nach Rom. Dort verliebte er sich schnell und blieb. Als Journalist berichtet er aus Italien für deutschsprachige Tageszeitungen und den öffentlich-rechtlichen Rundfunk – auch über das *dolce vita* in der Toskana, wo er lange Jahre in einem uralten Turm Ferien gemacht hat.

DER ERSTE BLICK
AUF DIE TOSKANA

»Pupporona« nennt man in Lucca die Was-
sernyphme, die auf der Piazza del Salvatore
leicht überheblich auf die Passanten blickt.

★ MERIAN TOP 10

Das sind sie – die Sehenswürdigkeiten, für die die Toskana weit über ihre Grenzen hinaus bekannt ist.

★1 Galleria degli Uffizi, Florenz
Das unbestrittene museale Highlight der Toskana. Unter seinem Direktor Eike Schmidt ist dieser 1560 von Giorgio Vasari errichtete Kunsttempel in Florenz in den letzten Jahren vergrößert und modernisiert worden. → S. 53

★2 San Francesco, Arezzo
Piero della Francescas Freskenzyklus »Die Legende vom Heiligen Kreuz« in der Kirche San Francesco gilt als eines der Meisterwerke der europäischen Kunstgeschichte. → S. 106

★3 Piazza del Campo, Siena
Der fächerförmige Hauptplatz ist auch ohne die historischen Pferderennen des Palio di Siena einer der schönsten Treffpunkte in der Toskana. Von der 88 Meter hohen Torre del Mangia genießt man einen fantastischen Rundumblick. → S. 120

★4 Chianti
Das Mekka aller Weinfreunde. Alle paar hundert Meter wartet in der Region zwischen Siena und Florenz ein anderer Winzer mit edlen Tropfen zur gemeinsamen Verkostung. → S. 132

★5 San Gimignano
Das »Manhattan des Mittelalters« bietet mit seinen 15 noch erhaltenen Wohntürmen einen der schönsten und besterhaltenen Innenstadtkerne ganz Italiens. → S. 134

★6 Piazza Pio II, Pienza
Einer der architektonisch harmonischsten und elegantesten Plätze der Region. Er ist der Realität gewordene Traum eines aufgeklärten Renaissancepapstes. → S. 142

Seit einigen Jahren ist er wieder begehbar, der Schiefe Turm von Pisa. Mithilfe von Gegengewichten wird das romanische Bauwerk vor dem Umfallen bewahrt.

⭐ Abbazia di Sant'Antimo

Die kleine romanische Benediktinerabtei bei Montalcino ist ein Architekturjuwel, eingebettet in eine traumhafte Landschaft und umweht von einem magischen Zauber. → S. 150

⭐ Torre pendente (Schiefer Turm), Pisa

Umfallen wird er nicht mehr, der freistehende Glockenturm, aber immer noch ist das weltbekannte Wahrzeichen von Pisa so schief, dass eine Besteigung ein Erlebnis ist. → S. 160

⭐ Riviera della Versilia

Ideal für den gepflegten und perfekt organisierten Familienbadeurlaub: die Seebäder zwischen Viareggio und Forte dei Marmi mit ihren feinsandigen Stränden. → S. 185

⭐ Elba

Die Hauptinsel des toskanischen Archipels. Besonders reizvoll ist das abwechslungsreiche Eiland außerhalb der eigentlichen Badesaison in den Frühlings- und Herbstmonaten. → S. 202

⚑ MERIAN
EMPFEHLUNGEN

Ungewöhnliche Perspektiven, charmante Orte und feine Details versprechen besondere Augenblicke.

1 **Mercato Centrale, Florenz**
Ein Feinschmeckerparadies: In den Markthallen von Florenz verführen Dutzende toskanische Produzenten mit gastronomischen Spitzenprodukten. → S. 73

2 **Cioccolateria Catinari, Pistoria**
In Pistoria und Umgebung finden sich viele berühmte Chocolatiers – wie etwa Catinari. → S. 97

3 **Montecatini Terme**
Die Toskana beherbergt viele Thermen. Architektonisch besonders eindrucksvoll: Montecatini Terme. → S. 97

4 **Wohnen wie Fürsten in der Villa I Bossi bei Arezzo**
Besonders reizvoll ist es, in einem historisch bedeutenden Gemäuer zu wohnen – wie etwa in der rund 1000 Jahre alten Landresidenz einer Herzogsfamilie bei Arezzo. → S. 109

5 **Museo della Madonna del Parto, Monterchi**
Ein winziges Museum birgt das Gemälde »Madonna der Geburt« von Piero della Francesca. → S. 114

6 **Monteriggioni**
Ein ursprüngliches Dorf, komplett von einer mittelalterlichen Stadtmauer mit 14 viereckigen Türmen umgeben. → S. 128

7 **Volterra**
Die ehemalige Etruskerstadt mit ihren prachtvollen mittelalterlichen Bauten ist immer noch ein Geheimtipp. → S. 135

Selbst die Strandkabinen im Badeort Forte dei Marmi künden von dessen Tradition als elegantes Seebad.

8 Montepulciano
Spitzenweine und im Sommer Aufführungsort des von Hans-Werner-Henze gegründeten Festivals der Künste. → S. 145

9 Abbazia di Monte Oliveto Maggiore
Die mächtige Klosteranlage bezaubert mit ihren faszinierenden Fresken von Luca Signorelli und Sodoma. → S. 147

10 Bagno Vignoni
Thermenanlage mit Tradition: Im Freiluftbecken aalten sich schon die alten Römer und Renaissancepäpste. → S. 147

11 Giardino di Daniel Spoerri
Künstler, Winzer und andere Mäzene lassen Besucher in ihre Gärten und Parks, in denen Kunst und Natur anregende Kontraste bieten, wie etwa im Garten von Daniel Spoerri. → S. 151

12 Forte dei Marmi
Seit den 1920er-Jahren ist dieser Badeort einer der elegantesten Italiens. Von Massentourismus keine Spur. → S. 185

13 Via dei Sepolcri, Vetulonia
Eine etruskische Gräberstraße, umgeben von Natur. Besonders reizvoll an einem Spätnachmittag. → S. 192

TOSKANA KOMPAKT

Amtssprache: Italienisch
Einwohner: 3,74 Mio.
Fläche: 22 990 km²
Größte Stadt: Florenz
(383 000 Einwohner)
Höchster Berg: Monte Prado,
2054 m
Religion: v. a. römisch-
katholisch
Währung: Euro

Dünn besiedelt

Seit den 1970er-Jahren geht
die Geburtenrate der Bevölkerung immer schneller zurück. Der Zuzug von Wahl-
Toskanern aus Nordeuropa
und den Vereinigten Staaten
kann diesen Schwund nicht
ausgleichen. Hinzu kommt
die steigende Überalterung
der Einheimischen. Die Be-
völkerungsdichte beträgt 163
Einwohner pro Quadratkilo-
meter. 387 000 Ausländer sind
Bürger der Toskana.

Geografisch in der Mitte

Die Region Toskana grenzt
im Norden an die Regionen
Emilia-Romagna und Liguri-
en, im Osten an die Marken,
im Südosten an Umbrien und
im Süden an Latium. Von

Touristen werden vor allem
das Chianti, Florenz, Siena,
die Maremma-Küste und die
Etruskische Riviera zwischen
Grosseto und Livorno be-
sucht. Noch kann man sie
entdecken, die nicht überlau-
fene Toskana. Etwa im Süden
der Region, bei Pitigliano.
Der toskanische Archipel umfasst zahlreiche Inseln, von
denen allerdings nicht alle betreten werden können. Elba
ist mit 224 Quadratkilome-
tern die größte der Toskana.
In der Hochsaison ist Elba
leider ziemlich touristisch.
Andere kleinere Inseln können deshalb im Sommer viel
charmanter sein.

Linke Hochburg – wie lange noch?

Florenz ist das Verwaltungs-
zentrum der Toskana – und
das seit der Renaissance, als
die Medici den politischen
Ton angaben. Nach den letzten Parlaments- und Regionalwahlen 2018 behauptet
sich die Toskana immer noch
als Hochburg der Sozialdemokraten des Partito Democrati-
co (PD). Aber wer weiß, wie

Noch 2018 war die Toskana fest in sozialdemokratischer Hand. Seit 2019 ist auch in der einst »roten« Region die nationalistische Lega auf dem Vormarsch.

lange? Die Toskana war traditionell immer kommunistisch und dann sozialdemokratisch. Nun sind rechte Parteien auf dem Vormarsch. Fakt ist: Die Linksregierungen haben zu einem beträchtlichen Anstieg von Frauen in allen politischen Ämtern der Region geführt (rund 25 Prozent).

Nie vorbildliche Katholiken

Rund 85 Prozent aller Toskaner sind römisch-katholisch getauft – was aber nicht heißt, dass sie auch praktizierende Katholiken sind. Im Gegenteil. Wie in ganz Italien nehmen weniger als 50 Prozent aller Katholiken regelmäßig

an der Messe teil. Verschwindend gering ist die Zahl der Protestanten und Juden in der Bevölkerung. In Florenz leben die meisten der wenigen Protestanten. Die muslimische Bevölkerung wächst leicht an. Genaue Zahlen liegen aufgrund der zahlreichen illegalen Einwanderer nicht vor.

Toskanisch – nicht einfach nur Italienisch!

Was Reisenden recht schnell auffallen wird: das aspirierte »h« nach Konsonanten! Es ist typisch für den Florentiner sowie den toskanischen Dialekt. So sagt der typische Toskaner nicht »cappuccino«,

In den Apuanischen Alpen werden ganze Berge abgetragen, um an den blüten-
weißen und weltweit gehandelten Carrara-Marmor zu gelangen.

sondern spricht das Wort »hapuccino« aus. Das Toskanische, das sich neben dem Sardischen am wenigsten von der lateinischen Sprache entfernt hat, gilt als Grundlage des modernen Italienisch – vor allem dank toskanischer Autoren wie Dante Alighieri, Petrarca, Boccaccio und Machiavelli. Der toskanische Dialekt teilt sich in 18 lokale Unterdialekte auf.

Eine reiche Region

Zu den wichtigsten Wirtschaftszweigen gehören in der Toskana neben dem Tourismus, der seit einigen Jahren leicht rückgängig ist, insbesondere der Weinanbau und die Produktion von Olivenöl. Das Chianti gilt als größte Weinanbauzone der Region. Hier finden sich die meisten der international angesehenen Weingüter. Eisen- und Stahlverarbeitung bestimmt die Wirtschaft in den Küstenstädten Piombino und Livorno.

In den Apuanischen Alpen wird seit der Antike Marmor abgebaut. Schon Michelangelo ließ sich hier den Stein für seine Meisterwerke aus dem Berg schlagen. Noch heute kommen von hier ungefähr 500 000 Tonnen dieses begehrten Steins. Etwa 60 Prozent aller Beschäftigten arbeiten im Dienstleistungsbereich, in der Industrie hingegen nur

35 Prozent und fünf Prozent in der Landwirtschaft, die sehr industrialisiert ist. Mit etwa 9,3 Prozent liegt die Arbeitslosenquote in der Region Toskana unter Italiens Durchschnitt von zwölf Prozent.

Teurer Wohnraum

Die Toskana wird zunehmend eine Region für sehr wohlhabende Ausländer, vor allem aus den USA und Russland. Die Preise für Wohnraum sind astronomisch angestiegen. Einheimische können nicht mehr mithalten und ziehen aus den Altstädten in die Peripherie. Florenz etwa: In der Altstadt sind rund 50 Prozent aller Wohnungen inzwischen Ferienwohnungen!

Nebenbei bemerkt

Beim kleinen Ort Pomaia liegt, in einer sehr malerischen Umgebung, Italiens größtes buddhistisches Zentrum. Es ist Anlaufpunkt für Gläubige aus aller Welt (→ S. 170).

In und um Prato werden seit dem Mittelalter Textilien verarbeitet, ein Wirtschaftszweig, der zunehmend von chinesischen Einwanderern dominiert wird, die auch im Stadtrat sitzen (→ S. 94).

Marmor aus Carrara ist heute vor allem bei wohlhabenden Arabern heiß begehrt. In vielen Luxushotels und Privatvillen in den Vereinigten Arabischen Emiraten und in Saudi-Arabien findet sich der blütenweiße Toskanastein.

Klima (Mittelwerte)

	Januar	Februar	März	April	Mai	Juni	Juli	August	September	Oktober	November	Dezember
Tages-temperatur	8	10	14	19	23	28	31	30	26	19	13	9
Nacht-temperatur	2	3	6	9	13	16	19	19	16	12	7	3
Sonnen-stunden	4	4	5	7	9	9	11	9	8	6	4	3
Regentage pro Monat	9	7	8	8	9	6	3	4	6	9	11	9

GESCHICHTE

Die Toskana prägten 4000 Jahre Kulturgeschichte und beileibe nicht nur die Renaissance in Florenz. Die Vergangenheit begleitet einen auf Schritt und Tritt, und aus den meisten Epochen lassen sich Ruinen, Burgen, Schlösser, Kirchen und ganz viel große Kunst besichtigen.

Die ersten Toskaner (2. Jahrtausend v. Chr.)
Die im Gebiet der Toskana entstandene eisenzeitliche Villanova-Kultur beerben im 5. Jahrhundert v. Chr. die Etrusker.

Blütezeit der etruskischen Kultur (600–300 v. Chr.)
Die Herrschaft der Etrusker reichte vom Po im Norden bis nach Neapel. 396 v. Chr. traten die Römer von Latium aus auf die politische Bühne. Im 3. Jahrhundert v. Chr. besiegten sie den etruskischen **Zwölfstädtebund.**

Colonia florentia (59 v. Chr.)
59 v. Chr. wurde die Veteranenkolonie Colonia florentia, **Florenz,** gegründet. Fortan durchlebte die Region das Auf und Ab des Imperiums. Im 4. Jahrhundert folgten dramatische politische Wirren. 475 endete das Weströmische Reich. Etrurien gelangte unter die Herrschaft der Ostgoten und der Byzantiner.

Unsichere Zeiten (569–1115)
Im Jahr 569 fielen die **Langobarden** ein und machten Lucca zu ihrer Hauptstadt. In den folgenden Jahrhunderten entwickelten sich einzelne Städte zu wirtschaftspolitischen Schwergewichten. Vor allem die ehemalige Hafenstadt **Pisa** wurde im 9. Jahrhundert zur mächtigsten Wirtschaftsmacht in der Toskana. Eine entscheidende historische Wende brachte eine Schenkung. 1115 vermachte **Markgräfin Matilde von Canossa** ihre toskanischen Besitzungen dem Papst in Rom. Die Folge waren jahrzehntelange Kämpfe zwischen Päpsten und Kaisern um das Erbe. Es kam zu gewaltsamen Auseinandersetzungen

Wie sehr die etruskische Kunst die Ästhetik der späteren Römer beeinflusst hat, wird an dieser Urne aus dem 4. Jahrhundert v. Chr. deutlich.

zwischen verschiedenen toskanischen Fraktionen, die entweder kaisertreu (Ghibellinen) oder papsttreu (Guelfen) waren.

Freie Städte (12. Jahrhundert–1406)

Nun begann die große Zeit der *liberi comuni,* der freien Städte, die von Patriziern regiert wurden. **Pistoia** war der erste Ort Italiens, der sich eine Art Kommunalverfassung gab. Auf diese Weise entstanden stolze und politisch, wirtschaftlich wie kulturell unabhängige Stadtstaaten. Der Aufstieg von **Florenz** zur dominierenden Macht nahm in dieser Zeit seinen Anfang, zunächst vor allem auf wirtschaftlichem Gebiet.

Die Medici an der Macht (1434)

Die aus einer Bankiersfamilie hervorgegangene Dynastie der Medici übernahm Mitte des 15. Jahrhundert in Florenz das politische Ruder. Vor allem unter Medici-Fürst **Lorenzo il Magnifico,** dem Prächtigen (1469–1492), wurde Florenz zum »neuen Athen«. Die Medici eroberten eine toskanische Stadt nach der anderen. Auch drei Päpste gingen aus dem Geschlecht hervor.

Denkmäler des Nationalhelden Giuseppe Garibaldi finden sich in allen italienischen Städten. Auch auf der zentralen Piazza Mino in Fiesole bei Florenz.

Radikales Intermezzo (1494–1512)

Aus der Traum von der kunstsinnigen und lustvollen Renaissance am Arno. Der religiöse Eiferer **Girolamo Savonarola** richtete in Florenz ein Schreckensregiment ein, die Medici wurden vertrieben. 1498 endete der Spuk: Der Hassprediger wurde hingerichtet. Erst 1512 kehrten die Medici nach Florenz zurück.

Das Ende der Medici (1737)

Im 17. Jahrhundert sank die Toskana dann im Spiel der europäischen Großmächte fast in die politische Bedeutungslosigkeit herab. 1737 endete mit dem Ableben von **Gian Gastone de' Medici,** der keine Erben hatte, die Dynastie der Medici. Nach dem Tod Gastones fiel die Toskana an Österreich.

Herrschaft Napoleons (1801–1814)

Napoleon wirbelte auch in Italien politisch alles durcheinander – mit Konsequenzen für die Toskana. 1807 wurde die Region unter dem Kaiser Teil von **Frankreich.** Zum ersten Mal setzten sich in Italien die Ideen von Freiheit, Gleichheit und Brüderlichkeit durch. 1814 wurde die Toskana erneut österreichisch.

Risorgimento (1848–1865)

Es entstand auch in der Toskana die Bewegung des Risorgimento, die die Schaffung eines italienischen Einheitsstaats forderte. 1860 entschied sich eine Mehrheit der Bürger der Toskana für den Anschluss ihrer Region an das neu gegründete **Königreich Italien.** Nach Turin wurde Florenz zur Hauptstadt des neuen Einheitsstaats bestimmt. Nach der Eroberung Roms und dem Ende der Papstherrschaft hingegen zog der König 1871 in die Hauptstadt an den Tiber um.

Mussolini und Krieg (1922–1946)

Auch die Toskana erlag dem **Faschismus.** Nach dem Sturz des Duce besetzten deutsche Truppen Mittelitalien. In der Toskana kam es nicht nur zu blutigen Kämpfen zwischen deutschen und alliierten Truppen, sondern auch zu Verbrechen deutscher Soldaten an der Zivilbevölkerung.

Blühende Wirtschaft (1946–1986)

Der Tourismus und zahllose spezialisierte Handwerksbetriebe und Unternehmen führten in den 1950er- und 1960er-Jahren zu erstaunlichem Wohlstand. Einen gravierenden Einschnitt stellte aber 1966 die schwere **Flutkatastrophe** in Florenz dar. Infolge eines epochalen Hochwassers des Arno kam es zur Zerstörung und Beschädigung zahlreicher bedeutender Kunstwerke. Aus aller Welt reisten junge Menschen an, um, knietief im Wasser stehend, zu retten, was zu retten war.

Linke oder rechte Zukunft? (2009–2019)

Unter den traditionellen Linksregierungen der Toskana, zunächst der gemäßigten Kommunisten der **KPI** und dann der Sozialdemokraten des **PD,** wurde die Region ein italienisches Paradebeispiel für bürokratische Organisation und Verwaltung. Nicht wenige Italiener aus Latium fahren in die benachbarte Toskana, wenn sie sich in einem Krankenhaus behandeln lassen wollen. Doch die einst traditionell linke Region befindet sich im politischen Wandel. Immer mehr Toskaner sind von der PD enttäuscht und wenden sich rechtspopulistischen Parteien zu.

KLIMA, LANDSCHAFT UND ARCHITEKTUR

Landschaft und Architektur gehen wohl in keiner anderen Region Italiens eine so harmonische Symbiose ein. Oftmals fühlt sich der Besucher in der Toskana wie ein Statist in einem Postkartenszenario. Und dabei wirken viele Gegenden so ungemein naturbelassen. Aber das täuscht.

Klima

In der Toskana ist es viel milder als nördlich der Alpen. Auch im Winter sinken die Temperaturen normalerweise nur in über 1000 Meter hoch gelegenen Ortschaften unter den Gefrierpunkt. Bis noch vor wenigen Jahren galten Oktober und November sowie Mai und April als **Regenzeit.** Doch der Klimawandel, der Italien ziemlich zusetzt, provoziert klimatisches Chaos. Regenstürme in Florenz, gefährliche Tornados und afrikanisch-heiße Sommertage gehören inzwischen leider zur klimatischen Normalität. Vor allem in Florenz kann es inzwischen sehr heiß werden. Deshalb ist der Besuch der toskanischen Hauptstadt in der Vor- und Nachsaison angeraten.

Landschaftliche Besonderheiten

Die Toskana bietet viele landschaftliche Highlights, auch wenn die meisten Reisenden vor allem das Chianti ansteuern. Das **Casentino** etwa ist ein malerisches Gebirgstal in der östlichen Provinz Arezzo. Eine wenig touristische Region mit vielen Burgen und Klöstern, ideal für Wanderer. Die **Crete senesi** sind mit ihren Feldern und Zypressenalleen ist eine der trockensten Gegenden der Toskana. Früher wurde sie bezeichnenderweise Accona-Wüste genannt. In dieser Gegend finden sich bedeutende Ortschaften wie Asciano und Buonconvento. In den **Colline Metallifere,** einem Gebirgszug in der mittleren und südlichen Toskana, locken Naturthermen, die das Landschaftsbild

Auch wenn die Toskana über komfortable und luxuriöse Thermenhotels verfügt: Ein kostenloses Bad in der Naturtherme von Saturnia ist ein besonderes Erlebnis.

prägen. Dampfende Geysire wurden in früherer Zeit als Orte des Teufels bezeichnet – ideal für heiße Kurbäder unter freiem Himmel. Die **Garfagnana** nördlich von Lucca ist ein wildes Wald- und Berggebiet des Apennin. Hier geht es noch untouristisch zu. Perfekt zum Wandern und ausruhen, umgeben von einer ursprünglichen Lebensweise. Die **Maremma** an der Küste zwischen Follonica und Orbetello bietet den fantastischen Parco Naturale della Maremma, der bis ans Meer reicht. Die Gegend galt als wilder Westen der Toskana. Der **Monte Amiata** ist die Alpenlandschaft der Toskana: wandern im Sommer und Ski fahren im Winter. Die Gegend mit ihren pittoresken Ortschaften, umgeben von Wäldern, ist nie touristisch überlaufen. Das **Val d'Orcia** ist Weltkulturerbe der UNESCO. Zu Recht, denn südlich von Siena wirkt die Gegend permanent wie ein Postkartenmotiv: sanfte Hügel, Zypressen, hübsche Dörfer. Die **Versilia** ist die Baderegion der Toskana mit herrlichen Stränden, grünen Hügeln und exklusiven Badeorten.

Wichtigstes Stilmerkmal: Renaissance
In **Florenz**, das weiß inzwischen wohl jeder, blühte die Renaissance auf. Eine neue Kunstrichtung und Weltsicht, auch in der Literatur und Pilosophie, entstanden aus dem der Wiederent-

Die Besteigung über mehr als 400 Stufen ist kein Kinderspiel, doch die Aussicht von der Torre del Mangia auf das Dächermeer von Siena ist umwerfend.

deckung der griechischen und vor allem der römischen Antike. Überall in der Region stößt der Besucher auf Bauwerke und Kunst aus jener Epoche. Doch aufgepasst: Die Renaissance in **Siena** hat Eigenarten entwickelt, die anders als in Florenz sind. Und dass die Renaissance nicht erst im Florenz des 15. Jahrhunderts entstand, lässt sich auf dem Capo Santo in **Pisa** besichtigen, wo man sich schon im 13. Jahrhundert von altrömischen Ruinen und Kunstwerken der Umgebung inspirieren ließ.

Architektonische Besonderheiten
Typisch für die Architektur der Toskana sind vor allem drei Gebäudearten, auf die der Besuchen in den meisten Städten, ob groß oder klein, stoßen wird. Man findet sie in den meisten größeren Ortschaften. Erstens die **Geschlechtertürme,** die sich einflussreiche Familien im Mittelalter errichten ließen. Das beste Beispiel für ein solches mittelalterliches Manhattan ist immer noch San Gimignano. Zweitens *il Palazzo*: Der klassische Familienpalast wurde schon während der frühen Renaissance zu einem eleganten, aber wehrhaften Gebäude mitten in

der Stadt – in Florenz etwa der prächtige Palazzo Pitti und der mächtig wirkende Palazzo Strozzi. Drittens die **Villa** auf dem Land. Die Medici ließen die antike Tradition der ländlichen Anwesen wieder aufleben. In der Umgebung von Florenz lassen sich noch heute einige dieser *ville medicee* besichtigen.

Städtebauliche Besonderheiten

Jedem Toskanabesucher wird auffallen, dass die meisten Ortschaften immer noch oder teilweise von wehrhaften Mauern umgeben sind. Mauern, die bis in die Zeit der Renaissance ihre Funktion hatten. Die toskanischen **Stadtstaaten,** stolz und wirtschaftlich sowie politisch unabhängig, bekriegten sich ständig, bis die **Medici** aus diesen Stadtkriegen als siegreiche Supermacht hervorgingen. Sie regierten schließlich die gesamte Region, und die Stadtmauern wurden obsolet – aber in vielen Fällen zum Glück nicht abgerissen.

Von wegen unbelassene Natur

Weite Teile der Toskana wirken auf den Besucher naturbelassen, wie natürlich entstanden. Doch das ist nicht der Fall. Das Chianti, das Val d'Orcia und auch die Maremma sind im Lauf der Jahrhunderte zu **Kulturlandschaften** geworden, die von Menschenhand geformt wurden. Die einsam auf einem Hügel stehende Zypresse ist nicht zufällig dort, sondern das Resultat beständigen Einwirkens auf die Natur. Aus diesem Grund muten weite Teile der Region auf den Betrachter so ungemein malerisch an.

Historische Klöster

In den Städten, wie etwa in **San Gimignano** und **Florenz,** in kleinen Dörfern und auch in ländlichen Gegenden: Überall gehören in der Toskana Klöster dazu. In den meisten dieser historischen Anlagen kann der Besucher Kunst entdecken. Fast immer findet sich auch auf dem Land jemand, der dem Reisenden erklärt, welche Schätze die jeweilige Klosteranlage birgt. Besonders schön sind die stillen Waldklöster im Nordosten der Toskana sowie die Abteien als Pilgerziele der Kunst, wie etwa **Monte Oliveto Maggiore** mit seinen großflächigen Wandmalereien.

DIE FESTIVALKULTUR

Die Toskana bietet ein reiches Kulturleben, vor allem mit ihren musikalischen Festivals. Man sollte also vor Reisebeginn die einzelnen Programme studieren, um noch begehrte Karten zu erhaschen. Selbst in kleinsten Ortschaften und mitten in der Natur werden Festivals organisiert.

Festival Pucciniano, Torre del Lago (Lucca)
Eine Art Bayreuth *all'italiana*, denn aufgeführt werden bei der kleinen Ortschaft Torre del Lago – der Maestro residierte ganz in der Nähe – ausschließlich Opern von **Giacomo Puccini.** In einem Freilufttheater nicht weit vom Meer entfernt. Sicher, Musik und Gesang müssen elektronisch verstärkt werden, denn sonst verpuffen die Klänge in den lauen Sommernächten. Aber die musikalische Qualität der Aufführungen, die nicht selten auch von bekannten Regisseuren und Bühnenbildnern bestritten werden, ist gar nicht mal so schlecht. Das einzige Problem sind die vielen Mücken. Deshalb unbedingt beachten: Niemals Insektencreme oder -spray vergessen, der Abend kann sonst auf sehr negative Weise in Erinnerung bleiben.
Juli–August | www.puccinifestival.it

Teatro Povero, Montichiello (Siena)
Fast zu schön, um wahr zu sein. Seit mehr als 20 Jahren verfassen und inszenieren die wenigen Bewohner der kleinen und sehr malerischen Ortschaft Montichiello eigene Theaterstücke, die dort auch zur Aufführung kommen: auf dem Hauptplatz, vor den Wohnhäusern und inzwischen auch in einem eigenen kleinen Theater. Die Idee zu diesem **Bürgertheater** entstand in den 1960er-Jahren, als die Toskana von einer heftigen Wirtschaftskrise heimgesucht wurde und die Bewohner von Montichiello nach einer Idee suchten, Touristen und Kulturfreunde anzulocken. Die Idee ist bis heute einmalig in Italien.
Mitte Juli–Mitte August | www.teatropovero.it

Ein Sommergenuss der musikalischen Art: Im Badeort Torre del Lago, wo Puccini einst lebte, kommen nur seine Opern auf die große Freilichtbühne.

Maggio Musicale Fiorentino, Florenz

1933 entstand dieses älteste italienische Musikfestival. Und sogleich wurde es zu einer der wichtigsten Bühnen des italienischen Musiklebens. Immer mit Opern und Konzerten und immer mit angesagten Dirigenten und Sängern. Lange war **Zubin Mehta** Chefdirigent, seit 2006 ist er Ehrendirigent der Veranstaltung. Zum Festival gehört das städtische Opernhaus, das **Teatro del Maggio,** das vom Architekten Paolo Desideri in einem viel diskutierten modernistischen Stil entworfen und 2014 eingeweiht wurde. Es gilt als eines der akustisch besten Italiens. Neuer künstlerischer Direktor des Festivals Maggio wird 2020 der ehemalige Scala-Intendant Alexander Pereira.
Mai–Juni | www.maggiofiorentino.com

Cantiere Internazionale d'Arte, Montepulciano

Der deutsche Komponist **Hans Werner Henze** lebte nicht nur in und bei Rom, sondern realisierte sich in der toskanischen Weinstadt Montepulciano seinen Künstlertraum: ein Festival, bei dem die verschiedensten Sparten der Kunst zusammenfinden. Musik, Theater, Tanz, bildende Kunst und Literatur. 1976 entstand das Festival Cantiere und gilt bis heute als eines der vielseitigsten und interessantesten der Toskana. Der deut-

Beim Festival Incontri in Terra di Siena werden viele Konzerte in kleinen Theatern und uralten Kirchen organisiert, die sonst in der Regel geschlossen sind.

sche Dirigent **Roland Böer** ist seit einigen Jahren künstlerischer Direktor des Festivals. Das Reizvolle dieses Events: Nicht wenige Veranstaltungen finden auf dem Hauptplatz von Montepulciano vor dem Dom statt. Eine schönere Open-Air-Bühne für Musik kann man sich nur schwer vorstellen. Nach den Konzerten locken die *enoteche* der Stadt, in denen Gästen der lokale Wein, einer der besten Italiens, kredenzt wird.
Juli | www.fondazionecantiere.it

New Generation Festival, Florenz

Mitten in Florenz besitzt die adlige Familie Corsini den **Palazzo Corsini al Prato,** der über einen riesigen Garten verfügt. In dieser elegant gestalteten Grünanlage findet seit wenigen Jahren dieses neue Festival statt. Unter der Schirmherrschaft des Prince of Wales und des Duke of Kent, und das erklärt auch die vielen britischen Gäste, die im August hier Opern und Konzerten lauschen. Auch die Organisatoren sind Briten. Es treten Nachwuchskünstler auf, die im **Mascarade Opera Studio** unter der Obhut des deutschen Sängers Ralph Strehle in Masterkursen weitergebildet werden. Der besondere Kick: Die Open-Air-Inszenierungen finden vor der Gartenfassade des Palastes statt. Die Pause dauert eine Stunde, damit das Publikum ausgiebig essen und trinken kann – und zwar im Park, der dabei zauberhaft ausgeleuchtet wird. Achtung: Es gibt Kleidervorschriften. Er sollte Smoking tragen, sie lang. Schließlich soll die ganze Veranstaltungsreihe ihren besonderen Touch behalten.

August | www.newgenerationfestival.org

Festival Incontri in Terra di Siena, Chianciano Terme

1988 hatte der Cellist Antonio Lysy die Idee für ein intimes Musikfestival. Seine Mutter, Gräfin Benedetta Origo, war begeistert und stellte die familieneigene Location dafür zur Verfügung. Vor allem den sehr schönen Innenhof des Landguts **La Foce,** der über eine hervorragende Akustik vor allem für Recitals verfügt. Kein Wunder, dass **Ian Bostridge,** ein Freund der Familie, hier immer wieder auftritt. Inzwischen wird auch in kleineren Theatern in Orten der Umgebung sowie in Kirchen Musik geboten – immer nur Kammermusik vom Feinsten, mit italienischen und ausländischen Künstlern und Ensembles. Besonders reizvoll: Besucher, die mehrere Konzerte hören wollen, können sich direkt in der Umgebung schöne Landhäuser anmieten. Auch die Familie Origo verfügt über solche Unterkünfte: ehemalige Bauerngehöfte, die jetzt mit allem Komfort inklusive Pool und Panoramablick ausgestattet sind.

Juli | www.itslafoce.org

Festival Anima Mundi, Pisa

Ein Festival für Musikfeinschmecker. Jedes Jahr im September wird in Pisa Sakralmusik vom Feinsten aufgeboten. Künstlerischer Direktor ist niemand Geringerer als der international bekannte Dirigent **Daniel Harding.** Zu dieser Veranstaltung, die der italienische Dirigent Giuseppe Sinopoli ins Leben rief, reisen viele Stars der klassischen Musik an. Jedes Jahr werden sieben Konzerte gegeben, mit religiöser Musik vom Mittelalter bis zur Gegenwart. Kurios: Das Eröffnungs- wie das Abschlusskonzert wird von Blechbläsern angekündigt, die dafür den **Schiefen Turm** erklimmen und von oben auf die Stadt hinunterblasen. Sämtliche Konzerte des Festival Anima Mundi sind gratis.

September | www.opapisa.it

Amiata Piano Festival, in der Nähe von Poggi del Sasso
Italiens angesehenstes Pianofestival findet mitten im Grünen
an den Hängen des Monte Amiata statt. Und zwar im neuen
Auditorium der Fondazione Bertarelli, umgeben von Wäldern und Weinbergen, knapp 30 Kilometer nordöstlich von
Grosseto. Das Meer der Maremma ist eine Autostunde entfernt. Von Juni bis Dezember, vor allem aber in den Sommermonaten, werden einige Dutzend Konzerte mit Solisten und
Ensembles aus aller Welt organisiert. Im Zentrum stehen immer das Klavier und einzelne Pianisten. Die verwegene Idee zu
einem Pianofestival in der Natur und fernab von größeren
Städten hatten 2005 die beiden Musikfreaks Stefan Giesen und
Maurizio Baglini. Sie waren davon überzeugt, dass, wenn man
hervorragende Musik auch an einem solchen Ort aufbietet, die
Menschen schon kommen werden. Ein Vabanquespiel, das
sich aber keinesfalls als Reinfall erwies. Ganz im Gegenteil!
Juni–Dezember | www.amiatapianofestival.com

Musica sulle Apuane, Alpe Apuane
Ein echter Geheimtipp, selbst für Italiener, die nicht aus der
Toskana kommen. Um die **Apuanischen Alpen,** eine der wil-
desten und naturbelassensten Gegenden der Region, bekannter zu machen, findet jedes Jahr von Juli bis Oktober ein Dutzend Konzerte in den Bergen statt: in romantischen kleinen
Ortschaften, in Kirchen und an Aussichtspunkten. Immer in
einer zauberhaften Umgebung, die touristisch fast komplett
unerschlossen ist. Vorgetragen werden klassische Stücke und
Jazzmusik, *cantautori*, also Liedermacher, und: Trekking. Ein
musikalischer Trekkingtag beginnt am Vormittag unter Führung eines lokalen Wanderführers. Nachmittags folgt ein Kon-
zert, und dann geht es wieder retour. Sämtliche Wanderungen
sind leicht und können von fast jedem mitgemacht werden.
Juli–Oktober | www.musicasulleapuane.it

Mitten in der südtoskanischen Landschaft erhebt sich eine
neue Konzerthalle für Klaviermusik. Das Amiata Piano Festival verbindet Natur und Musik auf zauberhafte Weise.

MUSEEN UND GALERIEN

Toskana und Kunst, das ist wie Italien und Sonne. Theore-
tisch könnte man jahrelang Kunstschätze gucken. Hier eine
Auswahl der wichtigsten Sammlungen.

Antike Kunst
Die Toskana wurde zuerst unter den Etruskern zu einer bedeutenden Kulturregion. Auch wenn die wichtigsten Funde
aus jener Epoche entweder von Kunstdieben und -händlern
ins Ausland verkauft wurden oder in Rom zu bestaunen sind,
bieten das **Museo Archeologico Gaio Clinio Mecenate** in
Arezzo (→ S. 108) und das **Museo etrusco Guarnacci** in Volterra (→ S. 135) dank ihrer unschätzbaren Kunstobjekte faszinierende Einblicke in diese hoch entwickelte Kultur.

Sakrale und profane Kunst
Die Medici und andere bedeutende Familien der Toskana fühl-
ten sich der Sakralkunst sehr verpflichtet. Profane und sakrale
Kunst halten sich in der Region die Waage. Sakralbauten wie
etwa der **Dom von Florenz** (→ S. 56) und **Santa Maria Novella** (→ S. 59) in Florenz sind wahre Kunstmuseen, mit zahllosen Werken von Meistern des Mittelalters und der Renaissance. Außergewöhnlich sind der **Camposanto Monumentale**
und der **Schiefe Turm** in Pisa (→ S. 160). Ein Ort, an dem an
der Antike orientierte mittelalterliche Architektur und Fresken
eine einmalige Symbiose eingehen. Einzigartig in ganz Italien
ist der **Dom von Siena** (→ S. 123). Sein Fußboden ist ein Kunstwerk aus chromatischen Marmorintarsien. In Arezzo malte Piero della Francesca in der Kirche **San Francesco** (→ S.106) einen der schönsten Freskenzyklen der gesamten Renaissance.
Die **Uffizien** (→ S. 53) sind zweifellos das bedeutendste
Kunstmuseum der gesamten Toskana. In den vergangenen Jahren wurde es um neue Säle angereichert, in denen Werke gezeigt werden, die bisher in den Magazinen schlummerten.

Viele Etruskermuseen gibt es nicht in der Toskana. Eines der schönsten findet sich mit dem Museum Guarnacci in Volterra, das selbst eine Etruskergründung ist.

Paläste und Residenzen

In der Toskana wird Kunst auch in bedeutenden Palästen und Schlössern gezeigt. In Florenz etwa im **Palazzo Pitti** (→ S. 66). In diesem Renaissancepalast im Stadtteil Oltrarno faszinieren vor allem die Gemälde- und Silbersammlung. Kunstwerke an sich sind auch die zahlreichen **Renaissancevillen der Medici** (→ S. 86), die sich vor allem rund um Florenz finden. Viele von ihnen sind mit herrlichen Fresken ausgemalt.

Moderne und zeitgenössische Kunst

Für moderne und zeitgenössische Kunst war die vor allem von der Renaissance dominierte Toskana lange nicht bekannt. Das ändert sich seit einigen Jahren. Winzerfamilien beauftragen nicht nur zeitgenössische Architekten mit der Errichtung von kunstvollen Weingütern, sondern präsentieren dort auch ihre **Privatsammlungen** (→ S. 84). Zeitgenössische Kunst findet in der Toskana vielfach unter freiem Himmel statt: in den zahlreichen Kunstgärten und -parks, wie etwa im **Skulpturengarten von Niki de Saint Phalle** (→ S. 34).

Der Kunsthistoriker Eike Schmidt ist Direktor der Uffizien in Florenz. Ihm ist die Modernisierung dieses wichtigsten Museums der Toskana zu verdanken.

DIE NEUEN UFFIZIEN

Umdenken in den heiligen Hallen der Renaissancekunst

Der Blick aus den verschiedenen Fenstern ist umwerfend. Unter einem fließt gemächlich der Arno. Zu sehen sind an beiden Ufern Paläste und Kirchen, und das Stimmengewirr der vielen Menschen auf der Brücke Ponte Vecchio ist unüberhörbar. Auf rund einem Kilometer Länge führt der **Vasarikorridor** von den Uffizien aus hinüber zum Palazzo Pitti. Ein überdachter Gang, um bequem von einem Museum zum anderen zu gelangen. Der Corridoio Vasariano ist aber viel mehr als nur ein Gang. Ab Ende 2020 wird dieser von dem Renaissancearchitekten Giorgio Vasari entworfene und in nur fünf Monaten im Jahr 1565 realisierte Korridor wieder zugänglich sein. Seit 2016 ist er wegen Restaurierungsarbeiten geschlossen.

Seit dem 18. Jahrhundert blickten zwischen den Fenstern des Korridors zumeist Künstler auf die Besucher herab. Der

Gang wurde bis vor kurzem ausschließlich als **Gemäldegalerie für Künstlerporträts** genutzt – mit Werken aus dem 15. bis 20. Jahrhundert. Ob diese Arbeiten auch nach der Wiedereröffnung dort hängen werden, ist noch ungewiss. Museumsdirektor **Eike Schmidt** zieht es vor, sie woanders unterzubringen, um den Korridor nur noch als Verbindungsgang zwischen den Uffizien und dem Palazzo Pitti zu nutzen. 2015 wurde der Deutsche Chef der Uffizien. Er rationalisierte die Verwaltung, bekämpfte bürokratischen Schlendrian und etliche Bürokratiekuriositäten. Schmidt hat viel angeschoben und realisiert, nicht nur die Restaurierung des Vasarikorridors. Er machte in **14 neuen Sälen** bedeutende Kunstwerke aus den hauseigenen Magazinen endlich wieder sichtbar. Und er hat für einige sehr wichtige Gemälde mehr Platz geschaffen. Wie etwa für die Meisterwerke von Sandro Botticelli. Ein Unding für Traditionalisten! Denn in Italien dominiert immer noch die Idee, dass die Hängung von Gemälden in altehrwürdigen Museen unantastbar sei. Doch der Erfolg spricht für sich: Die Zusammenlegung von Verwaltungsabteilungen ermöglichte neue Ausstellungsräume, und die Neuhängung der berühmtesten Meisterwerke verhindert Staus in Sälen und Korridoren.

Alles sah danach aus, dass Schmidt ab Anfang 2020 nicht mehr in Florenz wirken würde. Sein Vertrag wurde vom rechten Kulturminister Anfang 2019 nicht mehr verlängert. Der wollte nur noch Italiener an der Spitze der Nationalmuseen. Im Wiener Kunsthistorischen Museum hingegen frohlockte man, denn Schmidt sollte dort neuer Chef werden. Doch dann fegte eine politische Krise im Sommer 2019 die Regierung aus der populistischen 5-Sterne-Bewegung und der rechtsnationalen Lega nach nur einem Jahr davon, und eine neue Regierung übernahm das Ruder. Der Sozialdemokrat Dario Franceschini, der vor einigen Jahren die Direktorenposten für Nationalmuseen wie die Uffizien auch international ausschreiben ließ, wurde im Sommer erneut Minister für Kulturgüter und Tourismus und bekniete Schmidt, in Florenz zu bleiben. Und so arbeitet der deutsche Manager weiter am Arno und kann weitermachen mit seiner Revolution in der größten Kunstsammlung der Toskana.

GÄRTEN UND PARKS

Die Toskana ist eine Region mit besonders vielen von Architekten und Künstlern gestalteten Gärten. Diese Tradition geht auf die Medici zurück, die bei ihren Villen auf dem Land immer zwei Elemente berücksichtigten: die gezähmte Natur und die agrarisch genutzte Natur.

Collezione Gori, Pistoia

Zweifellos eines der schönsten italienischen **Landschaftsmuseen** für zeitgenössische Kunst: ein Palazzo, die im 16. Jh. zum ersten Mal erwähnte **Villa Celle,** dazu eine weitläufige Parkanlage voller Skulpturen. 80 Werke, unter anderem von Künstlerstars wie Daniel Buren, Sol Lewitt, Joseph Kosuth sind zu sehen. Kurios: Die Eigentümer der Villa und des Parks diskutieren mit den von ihnen ausgewählten Künstlern gemeinsam das in Auftrag gegebenen Werk. Ihr Ziel ist es, Kunst für ein ganz bestimmtes natürliches Umfeld zu gestalten.

Giardino di Daniel Spoerri, Pescina

Der Schweizer Künstler **Spoerri** lebt seit vielen Jahren in der Toskana. Dort schafft er seine eigenen Werke und stellt sie aus, zusammen mit den Arbeiten von Künstlerfreunden aus aller Welt. Entstanden ist so ein ziemlich großer **Skulpturenpark,** für dessen Erwanderung man schon einen halben Tag einplanen sollte. Die Parkanlage ist eher ein naturbelassener und zauberhaft wild wirkender Garten. Oftmals befinden sich Meisterwerke zeitgenössischer Bildhauer hinter Büschen und Bäumen – Werke etwa von Eva Aeppli, Alfonso Hüppi, Nam June Paik und anderen Künstlerfreunden von Spoerri.

Giardino dei Tarocchi, Capalbio

Dieser Park wirkt auf den ersten Blick wie ein Realität gewordener Kindertraum. Farben über Farben und Konstrukte aus nur abgerundeten Formen. **Niki de Saint Phalle** schuf ihren

Der wohl kurioseste Skulpturengarten der Toskana findet sich in Capalbio in Meeresnähe. Hier wohnte die Künstlerin Niki de Saint Phalle in einer ihrer Skulpturen.

riesigen **Skulpturenpark** nicht weit vom Meer entfernt. Hier lebte und arbeitete sie auch dann und wann. Der Giardino ist weniger ein Garten als eine Art Gesamtkunstwerk, denn die Skulpturen dominieren die vorhandene Natur. Niki de Saint Phalle kreierte damit eine Art mehrteilige Megaskulptur, die erwandert und erklettert werden kann.

Il Giardino dei Suoni, Boccheggiano

Der deutsche Künstler **Paul Fuchs** verwirklichte einen fantastisch exzentrischen **Skulpturenpark**: Werke, die in einem weitläufigen Garten installiert und für diesen extra geschaffen wurden, erzeugen beim Zusammenspiel mit dem Wind Töne und Klänge. Diesen Skulpturengarten sollte man an einem Tag mit etwas Wind besuchen. Der Zauber der Klänge ist betörend. www.paulfuchs.com

Parco Sculture del Chianti, Pievasciata

Das Sammlerehepaar **Rosalba** und **Piero Giadrossi** sind Liebhaber der Kunst und besitzen eine Kunstgalerie. Sie legten 2004 einen eigenen sieben Hektar großen **Park** an, in dem die Werke

Bei vielen Sammlern in der Toskana überwiegt das Interesse an zeitgenössischer Kunst, die sich, wie hier beim Castello di Ama, harmonisch in die Natur integriert.

internationaler Künstler, viele sind Freunde von ihnen, präsentiert werden. Die Arbeiten stammen aus den verschiedensten Kulturkreisen: von Kim Hae Won, Christoph Spath, Kemal Tufan, Pilar Aldana Mendez und anderen. Sehr reizvoll ist es, sich im Labyrinth des britischen Künstlers Jeff Saward zu verlieren.
www.chiantisculpturepark.it

Selva di Sogno, Cotorniano

Der Künstler **Deva Manfredi** kreiert sich seit rund 35 Jahren seinen eigenen **Kunstwald,** mit über 200 eigenen Werken, die unter Bäumen auf acht Hektar Land gezeigt werden. Fast alle Objekte schuf Manfredi aus farbigen Steinen sowie aus Weiß- und Buntglas, die zu Kompositionen zusammengestellt wurden und mit der Zeit Teil der sie umgebenden Natur werden. Nicht wenige Skulpturen bestehen aus aufeinander getürmten Steinen, die nur durch die Schwerkraft zusammengehalten werden.
www.devamanfredi-stoneart.com

Bosco della Ragnaia, San Giovanni d'Asso

Der US-Amerikaner **Sheppard Craige** hat sich in der Toskana einen Traum erfüllt, in der Nähe der ungemein malerischen Ortschaft San Giovanni d'Asso: einen neun Hektar großen **Kunstgarten,** der sich fast ausschließlich der *ars topiaria* widmet, jener Gartenkunst, der zufolge Hecken und Bäume nach eigenen Vorstellungen zurechtgeschnitten werden. Craige lässt sich für seine Gartenkunst von barocken Vorbildern inspirieren. Der Garten ist in ständigem Wandel, denn so ganz lässt sich die Natur nicht zähmen. Ebendieser Wandel macht den besonderen Reiz dieses Gartenkunstwerks aus.

www.laragnaia.com

Villa La Foce bei Castiglion Fiorentino

La Foce ist eine Villa des 16. Jahrhunderts, die 1924 von einem britisch-italienischen Ehepaar erworben wurde. Es war die **Gräfin Iris Origo,** die sich von dem Landschaftsarchitekten Cecil Pinsent die Gartenanlagen konzipieren ließ. Ein spitz auf eine Aussichtsplattform zulaufender, ziemlich streng wirkender Garten mit Buchsbaumhecken. Von der Spitze des Gartens aus hat der Besucher eine umwerfende Aussicht auf das gesamte **Val d'Orcia.** Pinsents kühle und auf den ersten Blick vielleicht abweisende Kreation steht in klarem Kontrast zu der wild anmutenden Natur außerhalb des Gartens.

Castello di Ama per l'Arte contemporanea, Giaole in Chianti

Der Önologe **Marco Pallanti** und seine Frau **Lorenza Sebasti** waren sich von Anfang an darüber im Klaren, dass sie, wenn sie die Burg **Castello di Ama** erwerben, eine Parkanlage mit zahlreichen Kunstwerken anlegen wollen. Die Landschaft ist zauberhaft, und die Beziehungen zwischen diesem Umfeld und der zeitgenössischen Kunst sind ungemein dialektisch. Unter den Werken finden sich Meisterstücke von Michelangelo Pistoletto, Daniel Buren, Anish Kapoor und Louise Bourgeois. Jedes einzelne Werk haben die Sammler eigens für einen ganz bestimmten Ort in ihrem Park ausgesucht.

www.castellodiama.com

FESTKALENDER

Februar

Carnevale di Viareggio

Von wegen Venedig! Italiens ausgelassenster Karneval findet in Viareggio statt!

Am und um Faschingsdienstag | http://viareggio.ilcarnevale.com

März

Antiche Camelie Lucchesia, Sant'Andrea Compito (Lucca)

Ein Festival nur für die Kamelie, die in und bei Lucca die bevorzugte Pflanze ist und von zahlreichen Gärtnereien angebaut wird.

Mitte März | www.camelielucchesia.it

März/April

Lo scopio del carro, Florenz

Unter der Begleitung eines Feuerwerks wird ein großer Karren vor den Dom gerollt und explodiert dort. Hintergrund des Rituals: die Befreiung von den Ungläubigen, den Mauren, die im Mittelalter schon mal toskanische Küsten in Angst und Schrecken versetzt hatten.

Ostersonntag | www.duomofirenze.it/feste/pasqua.htm

Mai/August

Balestra del Girifalco, Massa Marittima (Grosseto)

Nach einem Umzug in historischen Gewändern, darunter Fahnenschwinger und Falkner, treten die besten Schützen der drei uralten Stadtteile, der sogenannten *terzieri*, mit ihren Armbrüsten im Wettkampf gegeneinander an.

Ende Mai/Ende August | www.societaterzierimassetani.it

Juni

Regata Storica e Luminara di San Ranieri, Pisa

Volkstümliches Wettrennen mit Booten auf dem Arno. Am Abend zuvor wird das Flussufer von Tausenden von Kerzen erleuchtet.

16. und 17. Juni | www.comune.pisa.it

Juni/August

Estate Fiesolana, Fiesole

Ein römisches Freilufttheater, ein lauer Sommerabend und die funkelnden Sterne dazu. Auf der Bühne gibt es Musik, Theater und Film zu sehen.

Anfang Juni bis Anfang August | www.estatefiesolana.it

Ziemlich brutal für Ross und Reiter und deshalb immer wieder im Visier von Tierschützern: der Palio auf der Piazza del Campo in Sienas Altstadt.

Juni/September
Giostra del Saracino, Arezzo

Ein mittelalterlicher Umzug durch das historische Zentrum von Arezzo. Im Anschluss daran folgt ein Ringstechen mit Reitern.

Meist Mitte Juni und Anfang September | www.giostradelsaracinoarezzo.it

Juli/August
Il Palio, Siena

Heftig umstritten bei Tierschützern, doch bei den Sienesen das zentrale Fest. Wenn die Reiter der einzelnen historischen Stadtviertel, der *contrade*, um den Campo-Platz um die Wette rennen, geht es um Schnelligkeit und Durchsetzungskraft.

Anfang Juli/Mitte August | www.ilpalio.org

August
Bravio delle Botti, Montepulciano (Siena)

Montepulciano liegt auf einem steilen Hügel. Bei diesem legendären Wettkampf versuchen acht Mannschaften, ein 100 Kilogramm schweres Weinfass vom Tal aus auf den auf der Hügelspitze gelegenen Hauptplatz zu rollen.

Vorletzter Samstag im August | www.braviodellebotti.com

September
Il Volto Santo, Lucca

Das Volto Santo ist ein wunderschönes Kruzifix aus dem 15. Jahrhundert, das im Rahmen einer suggestiven Lichterprozession durch Luccas Altstadt getragen wird.

13. September | www.luccaturismo.it

Sehr elegant und schick und mit feinster Opern- und Konzertmusik angereichert: das New Generation Festival im Park des Palazzo Corsini in Florenz.

FESTIVALKULTUR

Keine andere Region Italiens bietet Festivals in so schönem Ambiente

Ein grünes Paradies, mitten in Florenz. Der **Giardino Corsini** wurde Ende des 16. Jahrhunderts angelegt, als Teil des Palazzo Corsini al Prato – des, zu deutsch, Corsini-Palastes an der Wiese. Diese »Wiese« war zunächst ein klassisch italienischer, dann ein britisch angehauchter Landschafts- und schließlich ein geometrisch neobarocker Garten mit Skulpturen und geraden Achsen. In den Sommermonaten wird im Giardino Corsini musiziert. Das neue **New Generation Festival** imitiert gekonnt das britische Glyndebourne-Festival, bei dem Opern, Konzerte, Gastronomie und das Bummeln im Park auf elegant-zauberhafte Weise zusammenkommen. Der Dresscode ist jedoch keineswegs lässig: Angesagt ist *black tie* für die Herren, und die Damen sollten sich ebenfalls elegant kleiden.

Bei Sonnenuntergang beginnen die Open-Air-*spettacoli* im szenografisch ausgeleuchteten Park. Die historische Fassade des Palastes dient dabei als perfektes Bühnenbild. Auch wenn, anders als in Glyndebourne, nicht nur Opern geboten werden und keine Weltstars singen oder dirigieren, sind das Ambiente und die musikalische Qualität sehr anregend. In der Regel gibt es an den vier Festivaltagen eine Oper, klassische Konzerte und auch leichtere Musikkost von Jazz bis Bebop.

Das New Generation Festival ist nur eine von mehreren qualitativ lohnenden musikalischen Sommerveranstaltungen in der Toskana – Festivals, die entweder von öffentlichen und privaten Kulturinstitutionen, von Privatleuten, aber auch von Familien organisiert werden, die sich als Musikmäzene verstehen. Wie etwa die Familie Origo: britisch-amerikanisch-italienischer Adel, dessen alter Familiensitz »**La Foce**« mit englischem Landschaftsgarten, entworfen vom bekannten Gartenarchitekten Cecil Pinsent, auf einem Hügel im ungemein schönen Val d'Orcia liegt. Die Panoramaaussicht ins Tal ist umwerfend. Das Festival **Incontri in Terra di Siena** ist klein und fein und eine exklusive Perle im toskanischen Festivalsommer.

Konzerte finden auch in historischen Theatern der Umgebung statt. Aber am schönsten sind die Freiluftaufführungen im Innenhof der Villa »La Foce«. Das Publikum: Freunde, die Villen in der Umgebung besitzen, und klassikaffine Touristen.

Vor den Konzerten im Innenhof der Villa wird – nicht immer, aber oft – diniert. Am späten Nachmittag an runden Tischen auf einem gepflegten Rasen beim privaten Pool im Park. Die elegant gekleideten Gäste stehen am Büfett an, dazu gibt es Weißwein und Prosecco. Vor allem die Besucher aus dem Ausland sind »very excited« und »extremely happy«. Zypressen, Prosecco, ein malerisches Tal und eine zauberhafte Villa mit herrlichem Garten – und dazu Schönbergs »Verklärte Nacht« oder melancholische Lieder von Gustav Mahler. Etwa mit Ian Bostridge, der ein regelmäßiger Gast in »La Foce« ist.

Auch an anderen reizvollen Orten in der Toskana findet erlesene Klassik statt. Mitten in den grünen Hügeln bei Paganico beispielsweise, beim **Amiata Piano Festival,** das von Juni bis August stattfindet. In **Montisi** gibt es Barockmusik, und das 1976 von dem deutschen Komponisten Hans Werner Henze im Weinort Montepulciano gegründete Festival **Cantiere Internazionale d'Arte** bietet Musik, Tanz und Sprechtheater. Fazit: Toskanareisende habe die Qual der Wahl.

HANDWERK, MODE UND DESIGN

Damit das Einkaufen Spaß macht und Sie wissen, wonach Sie Ausschau halten können: Hier finden Sie Anregungen zu speziellen Angeboten und zu individuellen Mitbringseln.

Antiquarisches

Wie in fast allen historischen Altstadtkernen Italiens finden sich auch in der Stadt am Arno zahlreiche Handwerkerfamilien. Viele Werkstätten restaurieren und verkaufen antiquarische Möbel. Die **Restaurierungsstudios** von Florenz sind wahre Fundgruben des zum Teil anspruchsvollen Secondhand: Möbel und Lampen, Bücher, alte Schlösser, antike Keramikschalen und dekorative Scherben, barocke Türklinken aus alten Villen … Ganz generell informiert die Website www.artex.firenze.it ausgezeichnet über Kunsthandwerk in Florenz und der Toskana.

Stein und Porzellan

Zur Florentiner Handwerkstradition gehören auch die sogenannten **Pietra-dura-Tische,** die zumeist aus Marmoreinlegearbeiten gefertigt sind. 1735 wurde bei Florenz Ginori, Italiens älteste Porzellanmanufaktur, eröffnet – noch heute ein Symbol anspruchsvollster Handwerkstechnik, teuer und begehrt.

Papier- und Ledertradition

Die *carta marmorizzata* wurde schon vor Jahrhunderten erfunden. Auf das Papier werden wunderbare Farben aus geheim gehaltenen Zutaten nach einem Bad mit Pinseln und Kämmen verwischt aufgetragen. Mit diesen Marmormustern werden Briefbögen und Schachteln sowie kostbare Bucheinbände überzogen. Auch die **Lederverarbeitung** ist uralt, und so kann der Besucher in kleinen Handwerksläden selbst kleinste Büchlein finden, die von Hand in weiches Leder eingebunden sind.

Schmuckdesign hat in der Toskana eine lange Tradition. Es waren vor allem die Medici-Fürsten, die diese Handwerksbetriebe förderten und unterstützten.

Schmuck

Florenz ist außerdem berühmt für seinen Schmuck, z. B. auf dem **Ponte Vecchio**. Obwohl es dort tagsüber sehr gedrängt zugeht, sollte man daraus nicht schließen, dass in den Juwelierläden vor allem Rasch über den Ladentisch geht. Im Gegenteil. Hier kaufen immer noch das Bürgertum und der Adel ein.

Wein natürlich

Man könnte eine Reise durch die Toskana auch ganz ohne die Besichtigung von Kunstwerken organisieren und stattdessen ein Weingut nach dem anderen abfahren. Traditionelle **Winzer** mit großen Namen liegen nicht weit von jenen entfernt, die sich mit dem Hinweis »Tafelwein« zufrieden geben, weil ihre Traubenmischungen nicht den strengen italienischen DOC- und DOCG-Qualitätsbestimmungen folgen, die aber dennoch oft hochinteressante und hervorragende Weine abfüllen.

Outlets

Weniger romantisch als in den alten Handwerksläden und auf Weingütern geht es hingegen in modernen **Malls** zu. Und von denen gibt es seit einigen Jahren gerade in der Toskana immer mehr. Outlet heißt das neue Zauberwort, um vor allem Touristen anzulocken. Und wer modebewusst ist und Schnäppchen sucht, der sollte diese Adressen nicht verpassen.

Kostbar wie bester Wein: Das kalt gepresste Olivenöl der Toskana gilt wegen seines niedrigen Säuregehalts als eines der besten und teuersten Europas.

KULINARIK

Gehen Sie in der Toskana auf kulinarische Entdeckungsreise! Hier erfahren alles Wichtige, was Sie über die lokale Küche und Gastronomie wissen sollten.

Frisches Brot mit einem Tropfen *extra vergine*

Die Toskana ist ein **Olivenöl**-Paradies. Das toskanische Öl gilt wegen seines niedrigen Säuregehalts und seines vollen, aber feinen Geschmacks als das beste der Welt. Die Unterschiede zwischen den Ölen probiert man am besten mit frischem Brot, für das die Region ebenfalls berühmt ist. Das **Landbrot,** das in den meisten Restaurants serviert wird, hat eine knackige Kruste und einen weichen Kern, denn es wird aus nicht zu feinem Mehl gebacken. Meistens ist es typischerweise ungesalzen.

Pasta-Identität

Jede toskanische Stadt hat ihre eigenen Nudelspezialitäten. Eines der bekanntesten Pasta-Rezepte der Toskana sind ***pappardelle alla lepre,*** handgemachte Nudeln mit Kaninchenfleisch. Doch wehe jenen, die glauben, dass Nudelgerichte mit den gleichen Namen auch überall gleich zubereitet werden: Jede Kommune ist stolz auf ihre eigene Kochkunst und bezeichnet ihre Rezepte nicht selten als die originale Zubereitungsweise.

I secondi

Klassische Hauptgänge bieten Fleisch und Fisch. Die Königin der toskanischen Fleischspezialitäten ist die *bistecca Fiorentina.* Das ist ein Beefsteak am Knochen. Besonders zart ist es, wenn es vom weißen Rind aus dem Chiana-Tal stammt. Man brät es ohne Salz, Gewürze und Fett auf der Glut eines Holzkohlegrills. Fisch und Meerestiere kommen fast immer frisch von der Küste. Probieren Sie *triglie alla Livornese,* frische Seebarben in einer Soße aus Tomaten und Olivenöl mit Kräutern. Und die ungemein schmackhafte Fischsuppe *cacciucco.*

Deftiges für danach

Als Dessert *(dolce)* essen die Toskaner gern ihren typischen *panforte,* einen deftigen Pfefferkuchen. Andere Klassiker sind der *buccellato,* ein Hefekranz aus Lucca und Umgebung, sowie der *zuccotto,* ein halb gefrorener Kuchen. Zum Dessert trinkt man gern ein Gläschen **Vin Santo,** einen süßen Dessertwein.

Käse oder die Qual der Wahl

Vom milden und frischen Quarkkäse **Ricotta** über den weichen, sahnigen Blauschimmelkäse **Gorgonzola** bis zum in verschiedenen Härtegraden erhältlichen Schafskäse **Pecorino** gibt es mehr als 150 verschiedene Käsesorten. Eine Spezialität in Pienza ist der **Marzolino.** Dieser Frischkäse präsentiert sich häufig mit einer hellen Rinde. Hat er eine rötliche Rinde, eignet er sich ausgezeichnet als Reibekäse zu einem Nudelgericht.

Wein-Eldorado

Die Toskana gilt zu Recht als Italiens wichtigstes Weinanbaugebiet. Heute werden auf der etwa 72 000 Hektar großen Rebfläche circa 2,7 Millionen Hektoliter Wein angebaut. Fast die Hälfte davon entfällt auf Marken mit den **Qualitätssiegeln DOC** und **DOCG.** Von allen Weinen ist wohl der **Chianti** der bekannteste. Er kommt aus der Region zwischen Florenz und Siena, vornehmlich aus den drei Gemeinden Gaiole, Castellina und Radda. Der Chianti putto stammt von den Hügeln um Rufina, Arezzo, Siena, Pisa, Florenz und südlich von Pistoia.

KULINARISCHES LEXIKON

acquacotta: Gemüsesuppe mit Brot und Ei
animelle: Kalbsbries
anitra/anatra all'arancia: Ente mit Orangen
arista: Schweinskarree
arrosto: am Spieß gegart
asparagi alla fiorentina: grüner Spargel mit geriebenem Käse in Butter und Spiegelei

baccalà: Stockfisch
bischeri: süße Teigröllchen
bistecca alla fiorentina: Steak eines Jungrinds mit Knochen
bollito misto: verschiedene gekochte Fleischsorten
borlotti: Bohnenkerne
braciola: Kotelett
brigidini: Anisgebäck
bruschetta: Bauernbrot, geröstet, mit Knoblauch und Öl
buccellato: süßes Brot mit Anis und Rosinen (Hefekranz)

cacciucco: Fischsuppe
caciotta: frischer Schafkäse
cannellini: kleine toskanische Bohnen
cantucci: Mandelgebäck
capretto: Zicklein
carciofi: Artischocken

carpaccio: rohe Rindfleischscheiben mit Öl, Zitronensaft und Parmesan
castagnaccio: Fladen aus Kastanienmehl
chianina: Rinderrasse
chiocciole: Schnecken
cibreo: Hühnerragout (Leber, Nieren, Kämme)
cinghiale: Wildschwein
coniglio: Kaninchen
copata: eine Art Nugat aus Honig, Nüssen und Anis
crostini: geröstete Brotschnitten

fagioli all'uccelletto: weiße Bohnen in Tomatensoße mit Salbei
fegatelli alla toscana: Leber vom Schwein mit Knoblauch und Lorbeerblatt
fegatini: Hühnerleber
fettunta: geröstete Brotscheibe mit Öl
finocchiona: Wurst mit Fenchelsamen
frantoiana: Gemüsesuppe mit Olivenöl aus Lucca
fritto fiorentino: frittiertes Gemüse (auch Fleisch) nach Florentiner Art

garmucia: Bohnensuppe
ghirighio: Kastanienkuchen

lepre: Hase
lombata: Lende, Filet

maiale ubriaco: mit Chianti begossenes Schweinekotelett
marzolino: Schafskäse
meringa: Baiser (Torte)
mostarda toscana: Senffrüchte in Wein

necci: Gebäck aus Kastanienmehl
nodino di vitello: Kalbskotelett

ossi di morto: Gebäck
ossobuco: Kalbshaxenscheibe

pancetta: gerollter Bauchspeck
pandiramerino: Rosmarinbrot
pane senza sale: typisch toskanisches Landbrot ohne Salz
panforte: Pfefferkuchentorte
panna cotta: »gekochte« Sahne
panzanella: Brotsalat
pappa al pomodoro: Tomatensuppe
pappardelle alla lepre: breite Bandnudeln mit Hasenragout
pesce: Fisch
polpetta: Fleischklößchen
porchetta: Spanferkel

ribollita: Bohnen-Brot-Gemüsesuppe mit Schwarzkohl
ricciarelli: Mandelgebäck
rognoni: Nieren
rosticini: Fleischspieße

salame di cinghiale: Wildschweinwurst
schiacciata all'uva: flacher Traubenkuchen
scottiglia: Fleischtopf
semifreddo: halb gefroren
soppressata: Schwartenmagen (Presssack)
spezzatino: Gulasch
stracotto alla fiorentina: gespickter und in Chianti geschmorter Rinderbraten
stufatino: geschmortes Rindfleisch

tortelli: Ravioli
toscanelli: Bohnenkerne
triglie alla livornese: Meerbarben nach Livorneser Art
trippa alla fiorentina: Kutteln mit Tomaten

Vin Santo: Dessertwein

zuccotto toscano: halb gefrorener Biskuit-Creme-Kuchen
zuppa alla frantoiana: Brotsuppe mit Bohnen
zuppa inglese: Nachtisch aus Biskuit, Likör, Creme und Früchten

Im Frühjahr werden die ansonsten beigen Hügel der Crete saftig grün. Auf vielen Kuppen thronen zu Sommervillen umgebaute ehemalige Bauernhöfe.

HINEIN IN DIE
TOSKANA

FLORENZ UND
DER NORDEN

Die weltberühmte Königin der Kunstmetropolen und Wiege der Renaissance ist heute ein Shopping- und Feinschmeckerparadies. Die Hauptstadt der Toskana ist umgeben von reizvollen Landschaften, prächtigen Weingütern, hübschen Orten und bezaubernden Medici-Villen.

Die Wiege der Renaissance. Das neue Athen am Arno. Die Medici und ihre Lust an der Kunst, auch als politisches Verführungsmittel, um eine kulturelle Identität zu schaffen, um Freund und Feind zu beeindrucken und zu blenden … Alles wurde bereits gesagt über diese Stadt. Alles und zu viel, sodass sich viele Reisende angesichts dieses Überschwangs an Worten, vor allem aber aufgrund der vielen Kunstschätze nicht selten erschlagen fühlen. Deshalb sollte man erst einmal tief durchatmen, wenn man in Florenz angekommen ist, und einen kleinen Spaziergang machen. Am besten auf die **Piazza della Signoria** mit dem Rathaus und den Uffizien. Florenz ist klein, aber die Stadt am Arno lässt sich nur schwer fassen. Im-

Blick über die Altstadt von Florenz

Palazzo Vecchio
→ S. 52

Ponte Vecchio
→ S. 67

mer wieder hat man den Eindruck, nur an der Oberfläche gekratzt, nur einen Bruchteil seiner immensen Kulturgüter gesehen zu haben. Dieser Eindruck trügt nicht, denn wohl nur wenige andere Orte weltweit bergen so viele Meisterwerke wie Florenz. Es gibt sogar eine pathologische Erscheinung, die mit dieser immensen Kunstpräsenz in Verbindung gebracht wird: eine Ohnmacht, die immer dann eintritt, wenn man das Gefühl hat, die ganze Pracht nicht mehr fassen zu können. Ein Phänomen, das als **Stendhal-Syndrom** bezeichnet wird. Deshalb ein Ratschlag: Suchen Sie sich nur einige wenige der Highlights aus und nehmen Sie sich dafür so viel Zeit, wie Sie brauchen! Florenz bietet Kunst aus dem späten Mittelalter, der Renaissance und des Zeitalters des Barock. Sie können öffentliche Museen, private Sammlungen, auch Villen, die in schönen Parks liegen, und zahllose Kirchen besuchen. An jeder Ecke bietet diese Stadt Höhepunkte der Kunstgeschichte.

Und wem das alles zu viel wird, der begibt sich in weniger als eineinhalb Stunden in tiefe Wälder, in die grüne Natur, in große Einsamkeit und Stille. Etwa bei den Einsiedeleien und Klöstern in der nördlichen Toskana. Oder, nicht ganz so abgeschieden, dafür aber extrem wohltuend, in die prächtigen Thermen von **Montecatini Terme**, den vielleicht schönsten Europas, sicherlich aber Italiens. Auch ein Ausflug nach **Prato** und **Pistoia** ist ratsam, wenn einem in Florenz das sogenannte Stendhal-Syndrom droht. In Pistoia lockt neben lokaler Kunst auch eine Vielzahl von Chocolatiers mit süßen Verführungen.

mpanile del Giotto
→ S. 57

Duomo (Basilica di
Santa Maria del Fiore)
→ S. 56

Santa Croce
→ S. 64

Der Saal der Fünfhundert im Palazzo Vecchio, dem Florentiner Rathaus, gilt als der prächtigste der Toskana. Die Wände zieren Gemälde mit den Heldentaten der Medici.

FLORENZ D3

Stadtplan → S. 54/55
383 000 Einwohner

Sehenswertes

❶ PALAZZO VECCHIO d4

Bis zu ihrem Umzug in den Palazzo Pitti regierten von hier aus die Medici ihre Stadt und das Umland. Heute hat in dem streng gotischen Palast der Florentiner Bürgermeister seinen Amtssitz. Das ist bis jetzt und traditionellerweise immer ein Sozialdemokrat gewesen. Der Turm ist 94 m hoch und stolzes Zeichen städtischer Bürgermacht, die im späten Mittelalter und der Renaissance immer im Clinch mit den Machtansprüchen der Kirche und des Klerus stand. Der 54 m lange, 23 m breite und 18 m hohe **Salone dei Cinquecento** ist einer der größten und unbestritten beeindruckendsten Säle Europas. Zu sehen sind hier der »Genius des Sieges«, eine Skulpturengruppe Michelangelos, und ganze Wände einnehmende Fresken Vasaris.

Piazza della Signoria | Tel. 05 52 76 83 25 | http://cultura.comune.fi.it|
Fr–Mi 9–23, Do 9–14 Uhr | Eintritt 10 €

❷ GALLERIA DEGLI UFFIZI d4

Das wohl schönste Verwaltungsgebäude der Welt, 1560 von Giorgio Vasari als zentrale Administration der Großherzöge der Toskana entworfen. Heute dient der Bau der Spätrenaissance als **Pinakothek** – eine zeitlich und stilistisch geordnete Sammlung, die teils in prächtigen historischen Sälen gezeigt wird. Der Besucher taucht mit Cimabue, Piero Lorenzetti, Giotto und Duccio in die Kunst der frühen Renaissance ein und sieht, wie sich diese Künstler langsam, aber sicher von der steifen Bilderwelt mittelalterlicher Traditionen befreiten. Eike Schmidt, der deutsche Direktor des Museums, organisierte die Umhängung einiger Meisterwerke und öffnete 14 neue Säle, um bis dato in den Magazinen untergebrachte Arbeiten endlich ausstellen zu können. Die Uffizien repräsentieren den raffinierten Geschmack der Familie Medici, die nicht nur italienische Meister der Renaissance, des Manierismus und des Barock, sondern auch Dürer, Holbein, Rubens, Rembrandt und andere Maler aus den Ländern nördlich der Alpen sammelten. Vom Kunst-Tsunami kann man sich schließlich auf der Loggia dei Lanzi im Café der Uffizien erholen. Buchen Sie am besten eine Besichtigung früh am Morgen – nur so können Sie hoffen, halbwegs allein zu sein.

Piazzale degli Uffizi, 6 | www.uffizi.org | Di–So 8.15–18.50 Uhr | Eintritt 20 € (März–Okt.), 12 € (Nov.–Feb.)

❸ MUSEO GALILEO d4

Unbegreiflicherweise nur selten besucht und doch eines der interessantesten Florentiner Museen. Zwei Säle sind **Galileo Galilei** gewidmet, in denen Originalinstrumente dieses wissenschaftlichen Genies ausgestellt werden. Spannend ist auch die Sammlung alter Prismen, optischer Geräte und Sternensysteme mit der Erde als Zentrum des Universums. Die Raritäten aus Renaissance und Barock werden vielfach interaktiv und multimedial erklärt. Ein Museumsleckerbissen für wissenschaftlich interessierte Florenzbesucher.

Piazza dei Giudici, 1 | www.museogalileo.it | Mi–Mo 9.30–18, Di 9.30–13 Uhr | Eintritt 10 €

SEHENSWERTES

1 Palazzo Vecchio

2 Galleria degli Uffizi ⭐

3 Museo Galileo

4 Museo Nazionale del Bargello

5 Duomo (Basilica di Santa Maria del Fiore)

6 Nuovo Museo dell' Opera del Duomo

7 Campanile del Giotto

8 Battistero di San Giovanni

9 Biblioteca Medicea Laurenziana

10 San Lorenzo

11 Santa Maria Novella

12 Cenacolo del Conservatorio di Fuligno

13 Palazzo Medici-Riccardi

14 Museo di San Marco

15 Galleria dell'Accademia

16 Basilica della SS. Annunziata

17 Santa Croce

18 Piazzale Michelangelo

19 San Miniato al Monte

20 Giardino di Boboli

21 La Grotta del Buontalenti 👁

22 Palazzo Pitti

23 Cappella Brancacci

24 Ponte Vecchio

25 Corridoio Vasariano

26 Museo Ferragamo

ÜBERNACHTEN

1 Hotel Mona Lisa

2 Le tre stanze

3 Galery Art Hotel

4 Al Palazzo del Marchese di Camugliano

5 Riva Lofts Florence

6 Four Seasons Hotel

ESSEN UND TRINKEN

7 Rivoire

8 Ristorante dei Frescobaldi

9 Caffè Giocosa by Roberto Cavalli

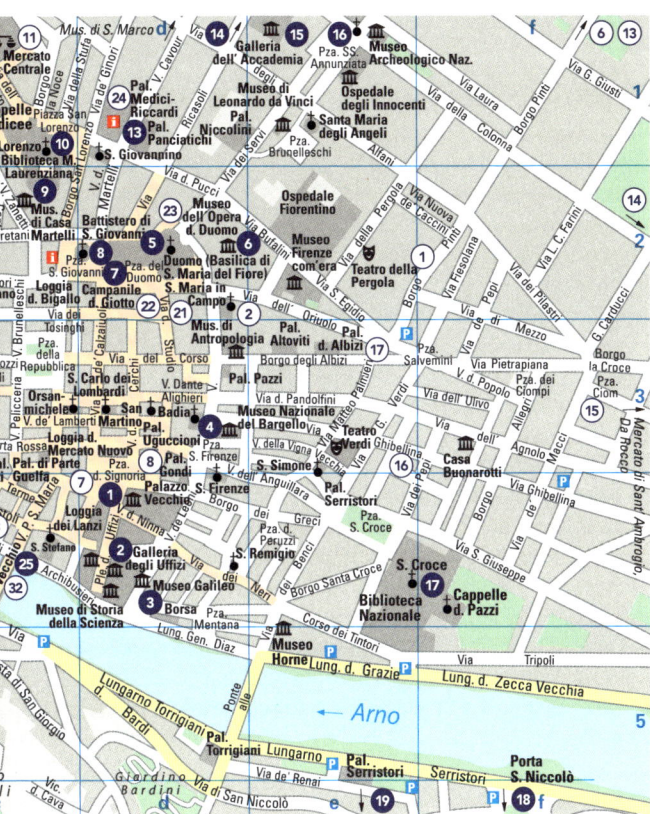

❹ MUSEO NAZIONALE DEL BARGELLO d3

Ein Tempel schöner Körper: Meisterwerke Florentiner Bildhauerei des 15. bis 18. Jh. werden in dem mittelalterlichen Bau aus dem 13. Jh. gezeigt, darunter Arbeiten von Michelangelo, Donatello, Giambologna und Cellini. Kein erschlagendes Museum: Die nicht unbedingt riesige aber sehr feine Sammlung stellt die Evolution der Bildhauerkunst von der frühen Renaissance bis zum Barock anhand beispielhafter Meisterwerke dar.

Via del Proconsolo, 4 | www.museodelbargello.it | So–Do 8.15–13.50, Fr, Sa 8.15–17.20 Uhr | Eintritt 8 €

❺ DUOMO (BASILICA DI SANTA MARIA DEL FIORE) d2

Auch wenn die in ihrem Stil an Giottos Glockenturm erinnernde Fassade aus dem 19. Jh. stammt, ist der Dom eines der beeindruckendsten und stilistisch harmonischsten Bauwerke der Stadt. Er wird von Brunelleschis Anfang des 15. Jh. konzipierter **Kuppel** – 54 m im Durchmesser – gekrönt. Sie war zu ihrer Zeit die weltweit größte ihrer Art und gilt noch heute als größte gemauerte Kuppel überhaupt. Zu Brunelleschis Zeiten hätte niemand gedacht, dass es jemals möglich sein würde, eine solche Kuppel zu errichten, und der Baumeister wurde deshalb von seinen Landsleuten kritisch beäugt. Im dreischiffigen gewaltigen Innenraum des Doms finden sich Malereien und Skulpturen von Renaissancemeistern wie Bicci di Lorenzo. Um lange Warteschlagen zu vermeiden: am besten nachmittags besichtigen.

Piazza San Giovanni | Mo–Mi, Fr 10–17, Do 10–16/17, Sa 10–16.45, So 13.30–16.45 Uhr, Kuppel Mo–Fr 8.30–19, Sa 8.30–17.40 Uhr | Eintritt 15 € (mit Dom, Kuppel und Battistero)

❻ NUOVO MUSEO DELL'OPERA DEL DUOMO d2

Ein Leckerbissen für Freunde der Kunst des 12. bis 15. Jh.: Das vor wenigen Jahren um- und ausgebaute Dommuseum zeigt Hauptwerke aus dem Dom und dem Baptisterium und gilt als eines der wichtigsten Museen seiner Art in ganz Italien.

Via della Canonica, 1 | Tel. 05 52 30 28 85 | www.ilgrandemuseodel duomo.it | tgl. 9–19 Uhr, jeden 1. Di im Monat geschl. | Eintritt 18 €

Erhöhter Traumblick auf die Basilika di Santa Maria del Fiore. Im mächtigen Kirchenschiff des Doms von Florenz können bis zu 30 000 Menschen Platz finden.

❼ CAMPANILE DEL GIOTTO d2

Italiens unbestritten originellster Kirchturm. Der fast 85 m hohe, frei neben dem Dom stehende Campanile wurde nach Entwürfen von **Andrea Pisano** und **Giotto** errichtet, und bietet den umwerfendsten Blick auf die Altstadt. Die elegante Gliederung des Turms, die reiche Dekorationsplastik und die polychromen Marmorverkleidungen machen das Bauwerk zu einem einzigartigen Meisterwerk der italienischen Kunstgeschichte. Die Skulpturen und Reliefs an den vier Fassadenseiten stammen von Andrea Pisano, Luca della Robbia, Donatello und anderen Meistern. Es handelt sich allerdings um Kopien, die Originale finden sich im Museo dell'Opera del Duomo.

Piazza San Giovanni | www.ilgrandemuseodelduomo.it | tgl. 8.15–18.50 Uhr | Eintritt 18 €

❽ BATTISTERO DI SAN GIOVANNI d2

Eine kunsthistorische Perle für Kenner, für die man sich ein wenig Zeit nehmen sollte, auch wenn in der Hochsaison der Touristenandrang gewaltig ist. Diese Taufkapelle beweist, dass das italienische Mittelalter, künstlerisch betrachtet, gar nicht düster war. Im Gegenteil! Der achteckige Bau aus dem 11. bis 13. Jh. präsentiert sich mit fast schon spätantiker Eleganz und

Kräftige Idealmenschen zu Füßen des idealen Herrschers: erschaffen von Michelangelo für das Grabmal von Lorenzo de' Medici in der Basilica di San Lorenzo.

untermauert die neuesten Thesen zur Entstehung der Renaissance weit vor dem 14. Jh. Die **Bronzeportale** gelten als absolute Meisterwerke der Schmiedetechnik. Zu sehen sind hier originalgetreue Kopien, die Originale finden sich im nahe gelegenen Dommuseum. Die Szenen aus dem Neuen Testament sind das Werk von Andrea Pisano und Lorenzo Ghiberti. Der streng gegliederte Innenraum ist mit **Mosaiken** der venezianischen Schule aus dem 13. und 14. Jh. geschmückt.

Piazza San Giovanni | www.ilgrandemuseodelduomo.it | Mo–Mi, Fr 8.15–10.15, 11.15–18.30, Do, Sa, So 8.15–18.30 Uhr, jeden 1. Di im Monat geschl. | Eintritt 18 €

⑨ BIBLIOTECA MEDICEA LAURENZIANA c1/2

In den Jahren von 1519 bis 1534 entwarf Michelangelo Buonarroti diesen klar gegliederten, eleganten Renaissancebau. Die Bibliothek beherbergt eine der weltweit bedeutendsten Sammlungen alter Handschriften, Drucke und ägyptischer Papyri. Das Vestibül, die Prachttreppe und der Lesesaal faszinieren durch ihre chromatische Klarheit in Weiß und Grau – eine Farbkomposition, die in Florenz bis ins 19. Jh. hinein Tradition hatte. Der bis auf die architektonischen Dekorationselemente ansonsten eher schmucklose Lesesaal erinnert an eine

Kirche. Die Treppe im Eingangsbereich ist mit ihrer Dreiteilung eine erste Vorwegnahme barocker Prachtaufgänge.

Piazza di San Lorenzo, 9 | Tel. 05 52 93 79 11 | www.bmlonline.it | Mo, Mi, Fr 8–14, Di, Do 8–17.30 Uhr | Eintritt frei

⑩ SAN LORENZO c1

1460 entwarf Filippo Brunelleschi diese klassische Renaissancekirche. Unbedingt zu besichtigen sind Donatellos Bronzekanzeln (Mitte 15. Jh.) sowie die eindrucksvollen großen **Cappelle Medicee,** in denen Mcdici-Fürsten ihre letzte Ruhe fanden. Während die Cappella dei Principi durch ihren üppigen Marmorschmuck fasziniert, 28 m breit und ganze 59 m hoch, zeigt die Sagrestia Nuovo, ein Prototyp der manieristischen Architektur, das von Michelangelo gestaltete Grabmal von Lorenzo de' Medici. Es stellt den Fürsten sitzend und nachdenklich zu seiner Rechten schauend dar, flankiert von einer nackten Frauenfigur (Aurora) und einem ebenso unbekleideten Mann (Dämmerung). Kurios: In den vergangenen Jahren wurden einige der Medici-Gräber geöffnet. Forscher wollen herausfinden, an welchen Krankheiten die Familienmitglieder starben.

– San Lorenzo: Piazza di San Lorenzo, 9 | www.operamedicealaurenziana. org | Mo–Sa 10–17, So 10–17.30 Uhr | Eintritt 7 €

– Cappelle Medicee: Piazza Madonna degli Aldobrandini, 6 | tgl. 8.15–13.15 Uhr | Eintritt 9 €

⑪ SANTA MARIA NOVELLA b1/2

Die mittelalterliche Kirche nahe des Hauptbahnhofs, eher ein Kunstmuseum, erhielt ihre elegante Renaissancefassade von Alberti (Mitte 15. Jh.). Grandios sind die Fresken in der Cappella Strozzi von Filippo Lippi. Domenico Ghirlandaio malte die Apsis aus. Unbedingt sehenswert: Im Klosterhof **Chiostro Verde** hinterließ Paolo Uccello das eindrucksvolle Wandbild »Sintflut«. Im Hauptschiff des Gotteshauses hängt das wie eine schwebende Erscheinung wirkende Kruzifix, das Giotto in den 1280er-Jahren schuf – eine sehr ergreifende Kreuzigungsszene.

Piazza di Santa Maria Novella | www.smn.it | Mo–Do 9–17.30, Fr 11–17.30, Sa 9–17, So 12–17 (Juli–Sept.), 13–17 Uhr (Okt.–Juni) | Eintritt 10 €

Unternehmer, Winzer, Hoteliers

Sie wohnen in prächtigen Palästen in Florenz und Siena, leben in luxuriösen Landvillen und auf ihren Weingütern und genießen das Leben. So stellt man sich den Alltag des toskanischen Adels vor. Ein *dolce vita alla toscana*, wie es auch von der italienischen Klatschpresse immer wieder kolportiert wird. Doch die Realität sieht in den meisten Fällen ganz anders aus.

Mächtigen Familien verdankte Florenz in der Vergangenheit seine Bedeutung als Handels- und Kulturzentrum. Ihren Nachfahren hinterließen diese einst einflussreichen und ungemein betuchten Adelsgeschlechter monumentale Landgüter und Paläste – und ziemlich viele Probleme. Die **Familie Corsini** etwa. Sie kämpft heute um den Erhalt ihrer familieneigenen Kunstgüter und historischen Gebäude. Das kostet sehr viel Geld, und der Staat mit seinen hohen Steuern tut das seine, um es Familien wie den Corsinis nicht gerade leicht zu machen.

Es sei denn, die Mitglieder von Adelsfamilien arbeiten. Und das tun in der Toskana inzwischen die meisten *aristocratici*. Herzog **Emilio Pucci** war einer der ersten Adligen in Florenz, der als Unternehmer das große Geld machte. Pucci wurde zu einem Pionier der italienischen Mode. Nach seinem Tod 1992 übernahm seine Tochter **Laudomia** die Leitung des Unternehmens, das seit 2000 zum französischen Luxuswarenkonzern LVMH gehört. Die Puccis haben also ausgesorgt.

Mit Luxus verdient sich auch die Herzogin **Bona Frescobaldi** ihren üppigen Lebensunterhalt. Jahrelang gab sie »Italy's Finest« heraus, eine Art Einkaufs-Guide des erlesenen und teuren Geschmacks. Zusammengestellt werden die »Geheimadressen« der Herzogin für den anspruchsvollen und mit dickem Portemonnaie ausgestatteten Toskanareisenden. Ihren alten und guten Namen nutzt die Signora inzwischen auch zur Vermarktung hochwertigen Olivenöls. Auch andere Familienmitglieder der Frescobaldis gehen einer Arbeit nach, vor allem in der exklusiven Olivenölbranche. In der Villa I Collazzi, einem

Alter Adel im neuen Gewand: Bona Frescocaldi und ihr Mann Vittorio. Sie sind heute Winzer und Gastgeber für ein zahlendes Publikum in ihren Villen.

prächtigen Landsitz aus dem 16. Jahrhundert mit umwerfendem Blick auf ganz Florenz, wird das edle Öl hergestellt.

Ihren immateriellen Adelsbonus nutzen auch andere Familien, um sich ihren aufwendigen Lebensstil zu erhalten. Viele von ihnen sind in der Weinbranche tätig. Am bekanntesten sind die Familien **Ricasoli** und **Antinori.** Die Antinoris bauen Wein seit der Renaissance an. Ihr prächtiger Palazzo Antinori in Florenz, an der Piazza Antinori, ist seit Jahrhunderten Wohnsitz wie auch Sitz des familieneigenen Handelsunternehmens. Die Adelsfamilie **Rucellai** arbeitet im Luxushotelsektor und vermietet hochkomfortable Unterkünfte in 5-Sterne-Agriturismi. Andere Adlige machen in Stoff. Wie Gräfin **Francesca di Frassineto.** Die Webstühle ihrer Fabrik in Rovezzana bei Florenz arbeiten auf Hochtouren.

Hochwertige Produkte, ob Kunsthandwerk oder aus der Gastronomie, verkaufen sich ausgezeichnet. Ein guter und bekannter Name, der Tradition und Beständigkeit suggeriert, kommt bei einem internationalen Publikum, das nicht auf den Euro, Dollar oder Rubel schauen muss, immer gut an. Produkte mit toskanischem Adelsnimbus florieren.

Der berühmteste Nackedei der europäischen Kunstgeschichte – Michelangelos »David« begeistert das Publikum in der Galleria dell'Accademia.

⓬ CENACOLO DEL CONSERVATORIO DI FULIGNO nördl. c1

Ein wenig besuchter und fast schon intimer Kunstort. Zunächst wurde das 1845 wiederentdeckte Wandbild im Refektorium des **Convento di Sant'Onofrio** dem Renaissancemeister Raffael zugeschrieben. Inzwischen sind sich die Experten aber einig: Das Bild des letzten Abendmahls von 1490 gilt als eines der Meisterwerke von Perugino. Einer seiner Schüler war übrigens Raffael.

Via Faenza, 42 | Tel. 0 55 28 03 91 | Di, Do, Sa 9–12 Uhr | Eintritt frei

⓭ PALAZZO MEDICI-RICCARDI d1

Baumeister Michelozzo errichtete ab 1444 diesen Prototyp einer städtischen Renaissanceresidenz: ein strenger rechteckiger Fassadenblock, der auf den ersten Blick ein wenig abweisend wirkt. Auf harmonische Weise werden mittelalterliche und Renaissanceelemente miteinander verbunden. Durch den eleganten Innenhof, das eigentliche Herz dieses Bautyps, erreicht man die **Cappella dei Magi,** immer noch ein Geheimtipp für Kunstfreunde. Die Kapelle ist das Meisterwerk Michelozzos und somit der frühen Renaissance. Die Fresken stammen von Benozzo Gozzoli (Mitte 15. Jh.) und stellen den Reiterzug der Heiligen Drei Könige dar, denen der Maler, um den Stadtherrschern zu huldigen, die Gesichter der Familie Medici gab.

Via Cavour, 1 | www.palazzo-medici.it | Do–Di 8–19 Uhr | Eintritt 7 €

⑭ MUSEO DI SAN MARCO nördl. e1

Fra Angelico wurde schon kurz nach seinem Tod im Jahr 1455 *beato*, also Seliger, genannt. Doch der Mönch und begnadete Maler wurde ganz offiziell erst 1982 von der Kirche seliggesprochen. In diesem Mitte des 15. Jh. von Michelozzo ausgebauten **Dominikanerkloster** bekommt man einen hervorragenden Einblick in das Schaffen dieses Renaissancemeisters, der verschiedene Räumlichkeiten ausmalte. Mit Fresken, die ihn als einen der wichtigsten Meister seiner Zeit ausweisen. Kurios: Zur gleichen Zeit wie Fra Angelico lebte in diesem Kloster auch Girolamo Savonarola, ein Dominikanermönch, der die Medici verjagte, eine religiöse Schreckensherrschaft errichtete und vielen Kunstwerke als gotteslästerlich verbrennen ließ.

Piazza San Marco, 3 | Mo–Fr 8.15–13.50, Sa, So 8.15–16.50 Uhr | Eintritt 8 €

⑮ GALLERIA DELL'ACCADEMIA e1

In diesem Museum können Besucher unter anderem den wohl meistfotografierten Nackedei der Kunstgeschichte bestaunen: Michelangelos »**David**«, entstanden 1501–1506. Hier befindet sich das Original, auf der Piazza della Signoria steht eine wetterfeste Kopie. Das Akademiemuseum bietet darüber hinaus eine fantastische Gemäldesammlung mit Meistern der Florentiner Renaissance. Sehenswert sind auch die »Byzantinischen Säle« mit Malerei des 11. bis 13. Jh. Das Museum besitzt übrigens die weltweit größte Kollektion an sogenannten *fondo-oro*-Gemälden, also Sakralgemälden auf Goldgrund, sowie von Werken Michelangelos. Am besten besuchen Sie die Galleria nachmittags, wenn die meisten Gruppen wieder fort sind.

Via Ricasoli, 58–60 | Di–So 8.15–18.50 Uhr | Eintritt 6,50 €

⑯ BASILICA DELLA SS. ANNUNZIATA e1

Die 1250 als Oratorium errichtete Kirche erhielt ihre heutige Gestalt zwischen dem 15. und 18. Jh. Großartig präsentiert sich der elegante Säulengang an der klar gegliederten und für die Florentiner Renaissancearchitektur typischen Fassade. Im barocken Kirchenschiff mit seinen verschiedenfarbigen Mar-

Mehr ein Museum für die sakrale Kunst des Mittelalters und der Renaissance als nur ein Gotteshaus: die Basilika Santa Croce mit Fresken von Giotto.

morverkleidungen finden sich beachtliche Werke von Rosso Fiorentino, Pontormo, Andrea del Sarto u. a. Direkt bei der Basilika erhebt sich das **Ospedale degli Innocenti** (www.istitu toinnocenti.it), Europas erstes Waisenheim und einer der ersten signifikanten Bauten der italienischen Renaissance, nach einem Projekt von Filippo Brunelleschi. Die Hauptfassade mit neun Bögen ist mit Terrakotten von Andrea della Robbia geschmückt. In der kleinen aber sehr feinen **Pinacoteca** findet sich eine Sammlung von Renaissancemeistern wie Sandro Botticelli oder Domenico Ghirlandaio, die im Gegensatz zu anderen Museen der Stadt fast nie überlaufen ist.

Via Cesare Battista, 6, Piazza SS. Annunziata, 12 | Tel. 0 55 26 61 81 | http://annunziata.xoom.it | tgl. 7.30–12.30, 16–18.30 Uhr | Eintritt Pinacoteca 3 €

⑰ SANTA CROCE e/f4

In dieser Franziskanerkirche, ein Juwel der Kunstgeschichte und eher ein Museum als ein Gotteshaus, malte Giotto die Cappella Peruzzi und die Cappella Bardi aus. Auch sehenswert: das benachbarte **Museo dell'Opera di Santa Croce**. Die darin enthaltene und in ihrer klaren und auf das in ihrer Formensprache Wesentliche beschränkte Pazzi-Kapelle aus dem frühen 15. Jh. gilt als ein Meisterwerk Brunelleschis. Auch hier dominieren wieder nur zwei Farbtöne: grau und weiß.

Piazza Santa Croce, 16 | www.santacroceopera.it | Mo–Sa 9.30–17, So, feiertags 14–17, So 12–17 Uhr | Eintritt 8 €

⓲ PIAZZALE MICHELANGELO südl. f5

Der wohl schönste Aussichtspunkt auf ganz Florenz, 1865 von den Stadtplanern eingerichtet. Für Fotofreunde: Das beste Licht hat man frühmorgens oder kurz vor Sonnenuntergang.

⓳ SAN MINIATO AL MONTE südl. e5

Zusammen mit dem Baptisterium am Dom ist diese Kirche ein Hauptwerk der romanischen Baukunst in Florenz. Errichtet zwischen 1018 und 1207 auf einem der höchsten Punkte der Stadt, mit einer eindrucksvollen Fassade aus weißem und grünem Marmor, die ungemein elegant wirkt. Von düsterer Romanik wie nördlich der Alpen findet sich hier keine Spur. Im Inneren sind ein marmorner Intarsienfußboden sowie Fresken von Taddeo Gaddi aus dem Jahr 1341 zu bestaunen.

Viale delle Porte Sante, 34 | www.sanminiatoalmonte.it | Mo–Sa 9.30–13, 15–19/19.30, So 8.15–19/19.30 Uhr | Eintritt frei

⓴ GIARDINO DI BOBOLI c4/5

Eines der schönsten Beispiele italienischer Gartenkunst. Hinter der mächtigen Fassade des von der Straße aus eher abweisenden Palazzo Pitti taucht der Besucher in ein 4,5 ha großes grünes Paradies ein – mit Alleen, einem Amphitheater des 18. Jh., mit Skulpturen u. a. von Giambologna, Brunnen und einem Porzellanmuseum mit den Geschirrschätzen der Medici. Ein idealer Ort für eine Mittagspause. Der Blick von den Gärten auf die Altstadt ist vor allem bei Sonnenuntergang herrlich.

Piazza Pitti, 1 | Nov.–Feb. tgl. 8.15–16.30, März 8.15–17.30, April, Mai, Sept., Okt. 8.15–18.30, Juni–Aug. 8.15–19.30 Uhr | Eintritt 10 € (März–Okt.), Eintritt 6 € (Nov.–Feb.)

◉ IM VORBEIGEHEN ENTDECKT

㉑ LA GROTTA DEL BUONTALENTI c5

Den Boboli-Garten lassen Touristen nicht selten links liegen. Dabei ist diese Parkanlage eine Art öffentlicher Skulpturengarten – ganz zu schweigen von den verschiedenen reizvollen Aussichtspunkten auf die Altstadt. Einer der schönsten und ungewöhnlichsten Brunnen der Anlage wurde von Renaissancekünstler Bernardo Buontalenti entworfen. Er konzipierte eine künstliche Grotte, die Grotta del Buontalenti, die auch an sehr heißen Sommertagen mit ihrem kühlen Nass Erfrischung bietet und deshalb bei den Medici sehr beliebt war.

㉒ PALAZZO PITTI b5

Wahrscheinlich entwarf Brunelleschi diese städtische Palastanlage mit ihrer unfreundlich-abweisenden Fassade zur Straße hin um 1458. Ab 1649 residierten hier die Medici als Großherzöge der Toskana. In den zum Teil prachtvoll gestalteten und ausgeschmückten Sälen sind insgesamt fünf Museen untergebracht: die Galleria Palatina, die Galerie für moderne Kunst, das Silber-, das Kutschen- und das Kleidermuseum sowie die Schenkung Contini Bonacossi. Um einen Eindruck von den zum Teil sehr prächtigen Räumlichkeiten des Palazzo Pitti zu bekommen, sollte man durch alle Museen flanieren. Vor allem zwei Museen sind von besonderem Interesse. Die **Galleria Palatina** zeigt in den von Pietro da Cortona ausgemalten Sälen Meisterwerke der Malerei aus dem 16. und 17. Jh. – von Tizian, Salvator Rosa, Tintoretto, Rubens, Murillo, Raffael und anderen. Die Bilder hängen, so wie es für eine fürstliche Galerie üblich war, dicht neben- und übereinander. Das **Silbermuseum** stellt eine der weltweit reichsten Sammlungen barocker Silberkunst aus. Für den Palazzo sollte man sich einen halben Tag Zeit nehmen. Zum Entspannen lockt die Bar im Innenhof.

Piazza Pitti, 1

– Galleria Palatina | www.uffizi.it/palazzo-pitti | Di–So 8.15–18.50 Uhr | Eintritt für alle Museen März–Okt. 16 €, übrige Monate 10 €

– Museo degli Argenti | Via degli Alfani, 78 | www.museodegliargenti.it | April–Sept. tgl. 8.15–18.30, Nov.–Feb. 8.15–16.30, Di 8.15–17.30 Uhr

Von der Straße aus wirkt der Palazzo Pitti eher abweisend, doch seine Parkseite
zeigt das elegante Gesicht dieser Medici-Residenz mitten in Florenz.

❷❸ CAPPELLA BRANCACCI a4

Im Kloster **Santa Maria del Carmine** findet sich in dieser Kapelle einer der wichtigsten und schönsten Freskenzyklen der italienischen Renaissance. Masaccio und Masolino da Panicale schufen 1424 bis 1428 die Geschichte des Apostels Petrus und der biblischen Genesis. Am besten in der Mittagszeit besichtigen, wenn nur wenige Besucher vor Ort sind.

Piazza del Carmine, 14 | Mo, Mi–Sa 10–17, So 13–17 Uhr | Eintritt 8 €

❷❹ PONTE VECCHIO c4

Diese im Jahr 1345 errichtete Brücke verbindet nicht nur die Ufer des Arno miteinander, sondern dient auch als Zentrum des Florentiner **Schmuckhandels.** Nicht nur Kitschläden, sondern auch Traditionsgeschäfte haben hier ihren Sitz. Nur frühmorgens oder nachts kann diese historische Brücke ohne Touristenmassen besichtigt werden. Kurz vor dem Ende ihrer Besetzung Mittelitaliens im Zweiten Weltkrieg wollte die deutsche Wehrmacht die Brücke sprengen, aber der verheerende Befehl wurde zum Glück nicht ausgeführt.

Exponate im Museo Ferragamo. Einst stand der Name Ferragamo nur für handgefertigte Luxusschuhe. Heute verkauft man auch Kleidung, Taschen und Accessoires.

㉕ CORRIDOIO VASARIANO c4

Einer der kuriosesten Orte in Florenz. Oberhalb der überdachten Brücke **Ponte Vecchio** (→ S. 67) ließ Architekt Giorgio Vasari 1565 diesen Korridor anlegen, der über den Saal 25 der Uffizien zu erreichen ist. Der Gang führt bis zum Palazzo Pitti und diente bis vor Kurzem als Gemäldegalerie. Derzeit wird eine Neuhängung der Bilder durchgeführt.

Piazza della Signoria | www.uffizi.com

㉖ MUSEO FERRAGAMO c3

Schuhmacher Ferragamo stammte zwar aus Neapel und machte als Emigrant in den Vereinigten Staaten Karriere, aber sein Name ist eng mit der Stadt Florenz verbunden, wo er sich im Jahr 1927 niederließ und eine der international bekanntesten Modemarken schuf. Über einer Ferragamo-Boutique im **Palazzo Spini-Feroni** zeigt das Museum Schuhklassiker für Schuhfetischisten, darunter auch das Paar, das Elizabeth Taylor als Kleopatra im gleichnamigen Film von DeMille trug.

Piazza Santa Trinità, 5 r | www.ferragamo.com/museo/it/ita | tgl. 10–18 Uhr | Eintritt 5 €

MUSEO STIBBERT nördl. d1

Wahrscheinlich das exzentrischste Museum in ganz Florenz. **Frederick Stibbert** (1838–1906) war einer jener zahlreichen kunstsinnigen und wohlhabenden Briten, die sich um die Wende zum 20. Jh. als Sammler in Florenz niederließen. Seine zum Teil bizarre und eigenwillige Kollektion alter Waffen und anderer Sammelstücke aus verschiedenen Jahrhunderten und diversen Kulturkreisen, untergebracht in einer prächtigen und nur wenig besuchten Villa am Stadtrand, ist ein Leckerbissen für Freunde historischer Wunderkammern.

Via F. Stibbert, 26 | Tel. 0 55 47 55 20 | www.museostibbert.it | Mo–Mi 10–14, Fr–So 10–18 Uhr | Eintritt 8 €

Übernachten

① *Sehr stilvoll*
HOTEL MONA LISA f2

Hier logieren Gäste in einem städtischen Renaissancepalast und wohnen damit wie heute noch verschiedene aristokratische Familien der Stadt. Mit einer kleinen Parkanlage mit geometrisch angelegtem Garten *all'italiano*. Die zum Teil mit antiquarischen Möbeln und Kunstwerken eingerichteten Räume sind groß, luxuriös und komfortabel. Besonders zu empfehlen sind die Zimmer mit Blick in den Garten. Schön ist auch die Hotelbar, untergebracht in einem Beichtstuhl aus dem 16. Jh.

Borgo Pinti, 27 | Tel. 05 52 47 97 51 | www.monalisa.it | 45 Zimmer | €€€

② *Retro und trendy*
LE TRE STANZE d/e2

Der Schweizer Bildhauer Patrick-John Steiner empfängt seine Gäste mitten in Florenz in einer szenografisch ungemein schick restaurierten Wohnung mit Bohemien-Ambiente. Kristalllüster, Vintagemöbel und allerlei Komfort prägen das Haus. Für Florenz eine sehr ungewöhnliche Unterkunft. Es gibt kein Frühstück, man geht einfach in die Kaffeebar um die Ecke.

Via dell'Oriuolo, 43 | Tel. 0 55 29 28 29, mobil 32 92 12 87 56 | www.letrestanze.it | 3 Zimmer | €

③ *Trendy im Turm*
GALERY ART HOTEL c4

Mitten im Zentrum erhebt sich das Designhotel der Familie Ferravamo. Sehr stylish, minimalistisch und elegant. Mit einem alten Turm, auf dessen Dach eine Suite mit Panoramaterrasse zur Verfügung steht. Der Blick auf die Domkuppel ist umwerfend! Eine Unterkunft all jene, die nach so viel Mittelalter und Renaissance in ziemlich neutraler Atmosphäre ein wenig ästhetische Distanz suchen.

Vicolo dell'Oro, 5 | Tel. 05 52 72 63 | www.lungarnocollection. com | 72 Zimmer | €€€/€€€€

④ *Wohnen wie beim Herzog*
AL PALAZZO DEL MARCHESE DI CAMUGLIANO – RESIDENZA D'EPOCA b2/3

Hier ist jeder Raum anders geschnitten und gestaltet: mit Fresken oder Stuckaturen, mit Blick ins Grüne oder barocken Kaminen, mit Himmelbetten oder Designmöbeln. Ein barocker Palazzo wurde dafür komplett restauriert und modern-komfortabel eingerichtet. Die Gästezimmer sind fast alle riesig. Eine sehr private und intime Unterkunft mitten in Florenz.

Via del Moro, 15 | Tel. 05 7 46 48 04 81 | www.palazzodicamugliano. it | 11 Zimmer | €€/€€€

⑤ *Stylish entspannen*
RIVA LOFTS FLORENCE nordwestl. a2

Mit dem Rad sind es am Arno entlang keine zehn Minuten, mit dem Wagen fünf Minuten ins Zentrum. Die minimalistisch-eleganten Lofts in einem renovierten Altbau direkt am Arno bieten exklusive Ruhe, viel Design und Entspannung ohne Autolärm. Im Garten lockt ein Pool. Frühstücksbüfett inklusive.

Via Bacco Bandinella, 98 | Tel. 05 57 13 02 72 | www.rivalofts.com | 9 Loftsuiten | €€€

⑥ *Fürstlicher Luxus*
FOUR SEASONS HOTEL nordöstl. f1

Ein schöner und sorgfältig restaurierter Palast aus dem 18. Jh. mit Deckenfresken, Stuckaturen und antiken Möbeln. Mitten in der Stadt gelegen, ausgestattet mit einem $2000\text{-}m^2$-Wellnessbereich, dem größten in der Toskana, und dem Charme einer echten Adelsresidenz. Unbestritten die beste und zur Renaissancestadt passendste Unterkunft. Mit Frühstücksbüfett.

Borgo Pinto, 99 | Tel. 05 52 62 61 | www.fourseasons.com | 117 Zimmer | €€€€

Wohnen in barockem Ambiente mitten in Florenz mit angeschlossenem Park und viel Ruhe? Im luxuriösen Four Seasons Hotel ist das möglich.

Wohnen wie ein Medici-Fürst
VILLA IL SALVIATINO D3

Die Villa aus dem 16. Jh. liegt sehr bukolisch in den Hügeln direkt außerhalb der Stadttore von Florenz. Das historische Zentrum ist nur wenige Taximinuten entfernt. Von einigen Zimmern und dem Park hat man einen traumhaftem Blick auf die Stadt. Ein Luxushotel, das keine Wünsche offen lässt. Herrlicher Park mit Pool, alle Zimmer sind individuell gestaltet.

Via del Salviatino, 21 | Tel. 05 59 04 11 11 | www.salviatino.com | 18 Zimmer | €€€€

Essen und Trinken

⑦ *Teuer und schick*
RIVOIRE d4

Direkt an der Piazza della Signoria mit herrlichem Blick auf das bunte Treiben des Platzes. Ein Café aus dem späten 19. Jh., wo sich bereits Generationen von Florentinern mit Kaffee und Schokolade versorgten. Ausgezeichnete Kuchen und Gebäckteilchen. Umwerfend: der Profiterole, ein zarter Windbeutel mit Sahne und Schokosoße.

Piazza della Signoria, 4 r | Tel. 0 55 21 44 12 | www.rivoire.it | Mo geschl.

Einst der Bauch von Florenz, dann zeitweise heruntergekommen und heute die erste Adresse für Feinschmecker: der Mercato Centrale.

⑧ *Enoteca mit eigenen Weinen*

RISTORANTE DEI FRESCOBALDI d3

Die Tropfen aller Weine dieser berühmten italienischen Winzerfamilie aus der Toskana können in dieser Enoteca glasweise verkostet werden. Dazu werden kleine Häppchen und erstklassige *primi*, erste Gänge, wie gefüllte Nudeln mit Ricotta-Käse und Birnen oder Stockfischfilets mit Kohlcreme, serviert.

Piazza della Signoria, 31 | Tel. 0 55 28 47 24 | www.deifrescobaldi.it | So und Mo mittags geschl. | €/€€

⑨ *Haute Couture in Schokolade*

CAFFÈ GIOCOSA BY ROBERTO CAVALLI b3

Der Stardesigner Cavalli liebt *la cioccolata*, und so war es nur selbstverständlich, sich einen eigenen Laden zu kreieren. Im Giocosa kann man seinen Kaffee trinken und dazu feinste Schokolade verkosten. Ideal für ein stilsicheres Päuschen. Neben *dolci* gibt es auch Salate. Kein sehr preiswertes, aber ein garantiert leckeres Erlebnis.

Via della Spada, 10 r | Tel. 05 52 77 63 28 | So geschl.

⑩ *Eine Institution*
PROCACCI c3
Ein Original aus den 1920er-Jahren, in der leckere *panini* zubereitet werden. So nennt man im Italienischen belegte Brötchen. Ganz besonders zu empfehlen: die Brötchen mit Trüffeln. Ideal für die stilvolle Siesta, gute Weinauswahl.
Via Tornabuoni, 64 r | Tel. 0 55 21 16 56 | www.procacci1885.it | So geschl.

1 MERIAN EMPFEHLUNG

⑪ *Mega-Gastro-Eventhalle*
MERCATO CENTRALE c1
Enotheken, Pizzerien, Trattorien und Delikatessenshops in den alten Markthallen. Kein anderer Ort der Stadt präsentiert so viele regionale Leckereien an einer Stelle. Gourmets sollten sich einen Besuch nicht entgehen lassen.
Via dell'Ariento | Tel. 05 52 39 97 98 | www.mercatocentrale.it | tgl. 8–24 Uhr

⑫ *Weinparadies*
ZANOBINI c1
Die Bar existiert seit 1944, die Eigentümer sind seit Generationen Weinhändler. Gut für einen schnellen, aber leckeren Imbiss mit regionalem Aufschnitt, Käse, Gemüsesuppen und Nudelgerichten. Im Keller warten mehr als 2500 (!) Etiketten auf den erfahrenen Weinkenner und Genießer.
Via di S. Antonino, 47 r | Tel. 05 52 39 68 50 | So geschl. | €

⑬ *Eleganz und Tradition*
IL PELAGIO nördl. f1
Im eleganten Hotel Four Seasons findet sich auch eines der schicksten Restaurants. Chef Vito Mollica präsentiert – nur mit den besten und frischsten Zutaten aus der Toskana – eine kreativ-moderne und somit leichte Traditionsküche. Das zarte gebratene Ferkel mit Apfelcreme, geschmorten Zwiebeln und Schwarzkohl zergeht auf der Zunge. Ob Pasta, Fisch oder Fleisch: Alles ist ein Gedicht. Ganz zu schweigen von den Desserts!
Borgo Pinti, 99 | Tel. 05 52 62 64 50 | www.ilpelagioristorante.it | mittags und So geschl. | €€/€€€€

⑭ *Mehr als nur eine simple Eisdiele*
CARAPINA östl. f2
Ein *gelato* für Feinschmecker und für ebensolche Gaumen, die nicht auf klassische Ge-

schmacksrichtungen fixiert sind. Simone Bonini ist ein Meister und Kreateur seines Faches. Unbedingt probieren: das feinsalzige Käseeis aus Pecorino, Gorgonzola, Büffelmozzarella, Parmigiano etc. Absolut verführerisch!

Piazza G. Oberdan, 2 r | Tel. 0 55 67 69 30 | www.carapina.it

⑮ Traditionsküche vom Feinsten
IL CIBRÈO östl. f3

Die ausgezeichneten Mahlzeiten von Fabio Picchi basieren auf Gerichten der einfachen und bodenständigen Florentiner Küche, die nur jahreszeitlich bedingte Zutaten nutzt. Suppen sind seine ganz große Spezialität. Ein elegantes Lokal, in dem deftige, aber zugleich verfeinerte Gerichte serviert werden.

Via Andrea del Verrocchio, 8 r | Tel. 05 52 34 11 00 | www.cibreo. com | Mo geschl. | €€/€€€

⑯ Feinschmeckertempel
ENOTECA PINCHI-ORRI e3

Ohne Jacket und, wenn möglich, Krawatte sollte man hier nicht auftauchen. Bei Annie und Giorgio geht es ausgesprochen elegant zu. Für manch einen wohl zu elegant, weshalb dieses Lokal nur Hardcore-Feinschmeckern ans Herz gelegt wird. Die werden aber garantiert nicht enttäuscht sein. Die Enoteca gilt als die beste von Florenz und als eine der ausgezeichnetsten in ganz Italien. Geboten wird kreative Küche, die auf toskanischen Traditionen basiert. Fantastischer Weinkeller! Unbedingt vorbuchen.

Via Ghibellina, 87 | Tel. 05 52 63 11 | www.enotecapinchiorri.it | So–Mi nur abends | €€€€

⑰ Eine echte Florentiner Spezialität
CIOCCOLATERIA VESTRI e3

Seit dem Jahr 1960 wird hier Konfektgeschichte geschrieben. *Confetti* essen Italiener am liebsten bei Familienfeiern. Vor allem bei Hochzeiten werden diese Mandel-Zucker-Bonbons, in kleinen Säckchen verpackt, an die Gäste verschenkt. Es gibt auch hausgemachte Schokoladen- und Speiseeiskompositionen – die Cioccolateria Vestri ist die reine Hölle für Diätfanatiker!

Borgo degli Albizi, 11 r | Tel. 05 52 34 03 74 | www.vestri.it | So und im Aug. geschl.

Für viele Gourmets immer noch ein gastronomischer Tempel: die Enoteca Pinchiorri. Achten Sie auf die Kleiderordnung: Ein Jacket ist hier Pflicht!

⑱ Belegte Brote mit Meeresfrüchten
PANINI DI MARE c4/5

Eine echte Florentiner Spezialität! *Panini*, das sind aufgeschnittene Brötchen wie für einen Hamburger, die mit Fisch und Meerestieren, mit Sushi oder Fischspießen schmackhaft gefüllt werden. Die ideale Mahlzeit für zwischendurch und für all jene, die mit Essen keine Zeit zwischen den Besichtigungen verlieren wollen. Via de' Guicciardini, 44 r | Tel. 34 85 18 04 29 | www.paninidi mare.it | €

⑲ Die Adresse für köstliche Trippa-Gerichte!
TRIPPERIA IL MAGAZZINO b4

Trippa heißt im Italienischen Darm und gilt am Arno als echte Spezialität. Hier kann man sie probieren. Beispielsweise mit einer herzhaften Soße aus frischen Tomaten, mit Basilikum und Pfeffer. Auch wenn viele Reisende vielleicht Vorurteile gegenüber diesem Gericht haben: Es schmeckt vorzüglich! Piazza della Passera, 2/3 | Tel. 0 55 21 59 69 | €

In der Regel geht es in Florentiner Weinbars eher gelassen zu. Zum guten Tropfen gibt es immer auch kleine Häppchen – wie hier in der Enoteca Fuori Porta.

⑳ *Mammas Küche*
AL TRANVAI a5

Am immer noch volkstümlichen Torquato-Tasso-Platz geht es einfach und sehr lecker zu. Zu probieren gibt es Gerichte wie bei einer Florentiner *mamma*, etwa die frittierte Polenta mit Speck, die echte *ribollita*-Suppe mit Bohnen und Kohl und mit Parmesan überbacken. Oder das *peposo*: ein würziges Schmorgericht aus Kalbs- und Schweinefüßen, Rindfleisch, Chili und viel Gemüse. Ein Lokal, das auch von vielen Florentinern regelmäßig frequentiert wird, was immer ein gutes Zeichen für eine originale Küche ist.

Piazza Torquato Tasso, 14 r | Tel. 0 55 22 51 97 | www.altranvai. it | So und Mo mittags geschl. | €/€€

Man trifft sich beim Vinai
FUORI PORTA südl. e5

Vinai, das waren und sind Weinlokale, wo auch Gerichte serviert werden – traditionelle Treffpunkte für Jung und Alt und ohne den Design-Schnickschnack moderner Weinbars. Das Lokal im schönen Viertel San Niccolò, wo vor allem Einheimische verkehren, verfügt über 600 verschiedene Sorten. Zum Wein gibt es leckere Wurst- und Käseplatten sowie warme

Gerichte, etwa die Pastete aus Scamorza-Käse mit Speck.

Via del Monte alle Croci, 10 r | Tel. 05 52 34 24 83 | www.fuori porta.it | €/€€

Einkaufen

㉑ Käse, Bonbons, Kuchen, Tees
PEGNA d2

Geheimtipp: Seit 1860 existiert dieses traditionelle und historische Lebensmittel- und Delikatessengeschäft, bei dem die Florentiner immer dann einkaufen, wenn besondere Gelegenheiten anstehen.

Via dello Studio, 8 | Tel. 0 55 28 27 01 | www.pegna.it

㉒ Einer der bestsortierten Florentiner Weinläden
ALESSI d2

Bis unter die Decke stehen die Regale voller Flaschen. Neben allen wirklich guten Marken aus der Toskana und Italien gibt es auch eine reiche Kuchenauswahl. Weinfreunde werden begeistert sein, denn bei Alessi, und das freundliche Personal hilft bei der Suche, lassen sich auch Tropfen von Winzern finden, die nur wenige Flaschen abfüllen und als Geheimtipp

gelten. Einheimische schauen gern am späten Nachmittag zu einem *bicchierino*, einem Gläschen Wein, vorbei.

Via delle Oche, 27–31 r | Tel. 0 55 21 49 66 | www.enotecaalessi.it

㉓ Feine Delikatessen
I SAPORI DEL CHIANTI d2

Weine und Speiseöle, Würste, Marmeladen etc. Hier trifft man auf eine ziemlich umfassende Auswahl gastronomischer Spezialitäten aus der Weinregion Chianti. Und im Laden duftet es verführerisch nach Wurstwaren …

Via dei Servi, 10 r | Tel. 05 52 38 20 71

㉔ Geheimtipp
PROFUMERIA INGLESE d1

Als in der ersten Hälfte des 19. Jh. reihenweise italienbegeisterte Briten in die Toskana pilgerten, ließ sich auch der britische Apotheker Henry Roberts in Florenz nieder. Sein Geschäft, das die besten Düfte Englands und des Kontinents vertrieb, wurde bald zum guten Salon der englisch-italienischen High Society. Immer noch interessant: das reiche Angebot an erlese-

Die Familie Alinari schrieb italienische Fotogeschichte. In ihrem Geschäft sind auch Kopien historischer Aufnahmen mit Toskanamotiven im Sortiment.

nen und selten zu findenden Parfüms für sie und ihn.
Via de' Ginori 2 r | Tel. 05 52 77 64 77 | www.profumeriainglese.it

㉕ *Einmalig in Italien*
ALINARI b1

Der Buchladen gehört zum gleichnamigen Fotomuseum dieses Unternehmens, das seit dem späten 19. Jh. existiert. Die richtige Adresse für Liebhaber historischer Fotografien, auf denen man sehen kann, wie Florenz, aber auch andere italienische Kunststädte Ende des 19. und im frühen 20. Jh. aussahen, lange bevor der Tsunami des Massentourismus hereinbrach.
Largo Fratelli Alinari, 15 | Tel. 05 52 39 52 32 | www.alinari.it

㉖ *Parfümkreationen*
OFFICINA PROFUMO-
FARMACEUTICA
DI SANTA MARIA
NOVELLA b2

Bereits 1612 wurde dieses Geschäft gegründet – als sogenannte *farmacia*, wo man Medikamente und Duftwasser erwarb. Noch heute sind die wohltuenden Verdauungselixiere und betörenden Düfte dieses Traditionshauses sehr gefragt. Nicht gerade preiswert, dafür aber garantiert »bio« und aus edelsten Zutaten. Der Alcherme etwa ist ein Likör aus Orangenschalen, exotischen Gewürzen und Rosenwasser. Die Florentiner würzen damit auch ihre Nachspeise *zuppa inglese*. Als

Mitbringsel empfiehlt sich das in Tüten abgepackte Potpourri: getrocknete Gewürze und Blüten, die dann daheim einen zarten Duft erzeugen.

www.smnovella.com

– Via della Scala, 16 | Tel. 05 5 21 62 76

– Via Reginaldo Giuliani, 143 a | Tel. 05 54 36 83 15

(27) *Edle Kunstbände*
BABELE b2

Franco Maria Ricci ist wohl Italiens bekanntester Mäzen in Sachen Kunstbücher. Sein Verlag FMR gibt erstklassig hergestellte Kunstbände heraus. Alle nicht gerade preiswerten, aber bei Bibliophilen sehr beliebten Publikationen des Liebhaberverlags Franco Maria Ricci lassen sich in diesem Geschäft finden.

Via delle Belle Donne, 41 r | Tel. 05 5 28 33 12 | www.babelefirenze.com

(28) *Schmuckdesignerin*
ALISI c3

Susanna Alisi verbindet klassische Formen der Renaissance mit modernem Design und führt in ihrem Angebot auch unzählige Manschettenknopfkreationen.

Via Porta Rossa, 60 r | Tel. 05 5 21 82 31 | www.alisigioelli.com

(29) *Marmor und Holz*
DUCCI c2

Seit der Renaissance werden in der Toskana Marmor und Holz kunsthandwerklich verarbeitet. In diesem Laden lebt die Tradition fort. Kurios und auch typisch für die Toskana: das täuschend echt aussehende Obst aus chromatischem Marmor – Birnen und Äpfel, Bananen und Weintrauben, die auf den ersten Blick täuschend echt aussehen.

Lungarno Corsini, 24 r | Tel. 0 55 21 45 50 | www.duccishop.com

(30) *Schuhdesign*
FERRAGAMO c4

Immer noch das Nonplusultra in Sachen eleganter Schuhmode für Frauen. Im Flagshipstore im Palazzo Spini Ferroni finden sich auch Schuhe für Männer und andere Lederwaren.

Via de' Tornabuoni, 4–14 r | Tel. 0 55 29 21 23 | www.salvatore ferragamo.com

(31) *Alles aus Olivenöl*
LA BOTTEGA DELL'OLIO c4

Öle aus der Toskana natürlich, jener italienischen Region, von der es heißt, dass sie das qualitativ beste Olivenöl

Zu Besuch bei der berühmtesten deutschen Schuhmacherin Italiens

Die Toskana ist ein Souvenirparadies. In nur wenigen anderen Regionen Italiens hat sich eine Kunsthandwerksszene erhalten, die auf eine jahrhundertelange Tradition zurückblicken kann. Das gilt vor allem für Florenz. Bei einem Bummel durch die Altstadt fallen die vielen Leder- und Papier-, Holz-, Schmuck-, Glas- und Stoff- sowie Restaurierungswerkstätten für antiquarische Möbel und Kunstwerke auf. Und auch die Schneidergeschäfte haben eine Geschichte, die bis in die späte Zeit der Medici, das 18. Jahrhundert, zurückreicht.

Die große Tradition des toskanischen Kunsthandwerks entstand unter den Medici-Fürsten. Sie wollten in allem die Besten sein. Auch in der Produktion hochwertiger Stoffe, Leder-, Papier-, Marmor- und anderer Waren. Nachdem ihr Geschlecht im 18. Jahrhundert ausstarb, hatten sich toskanische Kunsthandwerker europaweit einen Namen gemacht, von dem sie bis zum heutigen Tag profitieren.

Auch die Florentiner Schuhmacher sind weltbekannt. Zu den berühmtesten zählt **Saskia Wittmer** – eine Deutsche. Manche Schuhliebhaber reisen nur wegen ihr an den Arno, gilt sie doch als eine der besten ihrer Zunft. Keine zehn Minuten Fußweg von der Basilica di Santa Maria Novella entfernt hat Saskia ihr kleines *laboratorio*, wo sie mit nur einer Mitarbeiterin Schuh-Unikate kreiert.

Migge: Warum kamen Sie nach Florenz?

Wittmer: Um hier weiter zu lernen. Bei dem berühmten Schuhmacher Stefano Bemer. Hier ist es noch so, dass der Schuh in einer einzigen Werkstatt komplett geschaffen wird, und nicht wie in England mithilfe von Zuarbeitern. Das war eine Bauchentscheidung, hierherzukommen. Bemers Werkstatt war ganz klein, und da konnte ich alles machen.

Migge: Existiert in Florenz immer noch eine echte Handwerkstradition, wie immer wieder behauptet wird?

Wittmer: Das Maßschuhmacherhandwerk ist sicherlich

noch bekannt. Das Kunsthandwerk existiert hier auf einem sehr hohen Niveau. Gerade in Florenz. Auch in der Toskana, aber in Florenz hauptsächlich. Hier ist es extrem konzentriert. Es gibt nur wenige Orte, wo man so viele verschiedene Kunsthandwerker finden kann.

Migge: Was ist das Besondere an Herrenschuhen aus Ihren Händen?

Wittmer: Ich achte nicht nur auf den Stil, sondern vor allem auf die Bequemlichkeit.

Migge: Wie erfassen Sie die Füße eines neuen Kunden?

Wittmer: Ich zeichne einmal um jeden Fuß herum. Mit dem Maßband vermesse ich sie. Bis die Schuhe dann fertig sind, vergehenin der Regel sechs Monate.

Migge: Sechs Monate?

Wittmer: Es gibt eine lange Warteliste und danach Anproben. Wenn eine Person dazu nicht herkommen kann, dann schicke ich ihr die Schuhe, und dann kann der Kunde sie zu Hause anprobieren. Das dauert halt alles lange.

Migge: Was kostet ein Paar Wittmer-Schuhe ungefähr?

Wittmer: Ein Paar Schuhe fängt bei 3000 Euro an.

Migge: Kreieren Sie eher klassisches Schuhwerk?

Wittmer: Ich mache die Schuhe, wie der Kunde sie haben will. Ich richte mich ganz nach den Herren, die hier hereinkommen. Da kann jemand mit den exotischsten Ideen kommen: Ich versuche, ihn glücklich zu machen. Alles was technisch umgesetzt werden kann, versuche ich. Viele Kunden kommen mit eigenen Ideen zu mir.

Migge: Sind Ihre Kunden vor allem Italiener, die ja, ob Mann oder Frau, ziemlich schuhfixiert sind?

Wittmer: Ich arbeite kaum für Italiener! Fast alle meine Kunden kommen von auswärts.

Migge: Arbeiten Sie auch mit Modehäusern wie Pucci oder Ferragamo zusammen?

Wittmer: Nein, denn mein Ziel ist es, nur Einzelstücke herzustellen. Kein Schuh ist wie der andere. Eine Serienproduktion ist bei dieser Schuhphilosophie natürlich kategorisch ausgeschlossen!

abfüllt: Öle in Flaschen, klar, aber als Souvenir für zu Hause sind auch Seifen und eingelegtes Gemüse im Angebot.

Piazza del Limbo, 2 r | Tel. 05 52 67 04 68 | www.labottegadellolio firenze.it

③② *Von wegen Nippes!*
PONTE VECCHIO c4
Die alte Brücke beherbergt seit Jahrhunderten Juweliere und Schmuckläden der Oberklasse. In den Auslagen der dicht aneinander gedrängten Shops liegen beeindruckende Stücke, aber es finden sich auch erschwingliche Ringe und Manschettenknöpfe.

③③ *Antiquitätenmarkt*
IL MERCATO DEL ANTIQUARIATO DI SANTO SPIRITO a/b5
Am zweiten Sonntag im Monat wird auf der Piazza Santo Spirito dieser gut sortierte Antiquitätenmarkt abgehalten, wo Schnäppchen nicht ausgeschlossen sind.

③④ *Das Florentiner Weinliebhaberparadies*
MILLESIMI b5
Kenner finden hier nahezu alle Weine der Region, und das Personal ist sehr hilfsbe-

reit. Verkostungen finden in der hauseigenen Enoteca statt.

Borgo Tegolaio, 33 r | Tel. 05 52 56 46 75

Eine originale Florentiner Handwerkstradition
LA BOTTEGHINA DEL CERAMISTA nördl. d1
Im Sortiment sind zauberhafte handgeformte und -bemalte Keramikobjekte. Daneben gibt es Kopien kostbarer Kunstwerke der Renaissance.

Via Guelfa, 5 | Tel. 0 55 28 73 67 | www.labotteghinadelceramista.it

Abendgestaltung

③⑤ *Tolle Aussicht*
PICTEAU LOUNGE b4
Vielleicht die schönste, kleinste und intimste Bar von Florenz. Nur 14 Plätze bietet die Terrasse des Hotels Lungarno mit einem herrlichen Panoramablick. Nachmittags können Schokospezialitäten von Chocolatiers wie Slitti und Gobino probiert werden, ab dem frühen Abend gilt die Happy Hour. Und vor dem Schlafen gibt's die Tees der Officina Profumo Farmaceutica di Santa Maria Novella (→ S. 78).

Borgo San Jacopo, 14 | Tel. 0 55 27 26 49 96 | www.lungarnocollection.com

Futurismus in der Wiege der Renaissance: Der Neubau des Opernhauses von Florenz fasziniert durch seine provozierend moderne Architektur.

Heißeste Adresse der Stadt
TENAX nordöstl. a1

Livekonzerte, angesagte DJs, Kooperation mit den besten Londoner Clubs: die Top-Location für all jene, die abends und nachts bei angesagtem Sound abhängen wollen.

Via Pratese, 46 | mobil 33 55 23 59 22 | www.tenax.org | Fr 22–4, Sa 22.30–4.30 Uhr

Kurios für Florenz
IL MANDUCA nordöstl. a1

Miami-Flair mit Palmen und Pool am Stadtrand. Die In-Disco ist nur im Sommer geöffnet. Es gibt zwei Ebenen: unten Bar und Tanzfläche mit internationalen DJs, oben ein Restaurant mit kreativer italienischer Küche. Ein perfekter Ort für alle, die die Nacht zum Tag machen wollen.

Via San Biagio a Petrioli, 2 a | mobil 33 59 77 92 52 | Mi, Fr, Sa 21.30–4 Uhr

Neues Opernhaus
OPERA DI FIRENZE/ MAGGIO MUSICALE
westl. a1

Architektonisch sicher eines der eindrucksvollsten Musiktheater Italiens mit fantastischer Akustik und Platz für ca. 5000 Gäste. Jedes Jahr findet hier mit dem Maggio Musicale eines der wichtigsten Musikfestivals statt.

Via Vittorio Gui, 1 | Tel. 05 52 77 93 09 | www.maggiofiorentino.com

Wo Kunst, Architektur und Winzer zusammenkommen

Pflanzen, Blätter und Äste nutzt Sam Falls immer wieder für seine großflächigen Gemälde. Er setzt seine Leinwände dem Regen aus. Und der sorgt dafür, dass die Objekte der Natur Farben auf den Leinwänden hinterlassen. Der 1983 in Kalifornien geborenen Künstler nutzt auch die Sonne für sein Schaffen. Sie bleicht Ölfarben aus. Auch für sein jüngstes Werk für das **Weingut der Familie Antinori** nutzte Falls den Einfluss der Natur. Das im großen Treppenhaus des Weinguts hängende senkrechte Gemälde zeigt Farben von Blättern und Baumstämmen. Das von einigen Metern Entfernung aus betrachtete Bild wirkt wie eine Pflanzenkomposition. Es passt hervorragend in die minimalistische Architektur der hochmodernen Cantina Antinori bei San Casciano Val di Pesa, in der Nähe der Ortschaft Bargino.

Das von dem Architektenstudio Archea Associati entworfene und 2012 fertiggestellte flache Gebäude wurde in einen Hügel gebaut. Das Mauerwerk mit seinen braunroten Steinen erinnert an die Erde, auf der die Antinoris seit rund sechs Jahrhunderten Wein anbauen. Tief im Innern des Hügels reifen in Hunderten von Fässern nicht nur die besten Weine der Familie. Hier werden auch, im Rahmen des »Antinori Art Project«, Werke zeitgenössischer Künstler ausgestellt, wie etwa von Yona Friedman, Rosa Barba und Jean-Baptiste Decavèle.

Zeitgenössische Architektur und Kunst: eine Leidenschaft für immer mehr Winzer der Toskana. Vor allem aber die Idee, dass eine *cantina* als architektonisches Kunstwerk errichtet werden könnte, hat es Winzern, die es sich erlauben können, angetan. Derzeit können in der Region mehrere architektonisch hoch interessante Weinkeller besichtigt werden.

Der Schweizer Architekt Mario Botta etwa entwarf in der Nähe von Suvereto die **Cantina Petra**. Auch Botta baute in einen Hügel hinein. Doch im Zentrum des horizontal angelegten Eingangsbereichs platzierte er ein kreisrundes und in ei-

Mario Botta entwarf für den Winzer Vittorio Moretti ein avantgardistisch
anmutendes Weingut nebst Keller bei Suvereto.

nem Winkel von rund 45 Grad Richtung Hügel ansteigendes
Zentralgebäude mit Büschen und Treppen sowie einer Rampe.

An den amerikanischen Mid-Century-Stil erinnert die **Cantina Ammiraglia** bei Montiano. Die Familie Frescobaldi beauftragte dafür den römischen Architekten Piero Sartogo. Dass er bei Walter Gropius lernte, einem der Gründer der Bauhaus-Gruppe, ist dem geschwungenen und doch rational wirkenden Gebäude mit seinem spitz sich in die Landschaft reckenden Dachfirst anzusehen. Dieser Weinkeller, der ebenfalls in einen Hügel gebaut wurde, fasziniert durch eine Formensprache, bei der sich der menschliche Eingriff in die Natur keineswegs versteckt, sondern fast schon eitel zur Schau stellt. Eitel, aber ungemein elegant, mit einem Garten auf der Dachkonstruktion.

Avantgardistisch wie die **Cantina di Montalcino**, eher traditionell wie die **Tenuta Argentiera**, monumental wie die **Fattoria Le Mortelle** oder asiatisch angehaucht nach den Prinzipien des Feng Shui wie die **Cantina Caiarossa**: Toskanische Winzer inszenieren sich immer öfter als Mäzene der schönen Künste. Und es ist vorausschauenden Regionalpolitikern zu verdanken, dass sie den Bauherren keine Steine für ihre Neubauten in den Weg legen, wie das in Sachen zeitgenössischer Architektur in Italien sehr häufig der Fall ist. Der Toskanareisende profitiert davon: Die Kunst des Weinbaus kommt so mit zeitgenössischer Kunst und Architektur mitten in der Natur zusammen – in Form von in Italien einmaligen Open-Air-Museen.

Die Medici und andere Adelsgeschlechter liebten das Landleben. Davon legen Dutzende historische Villen Zeugnis ab, wie hier die Villa La Petraia bei Florenz.

FIESOLE D3

14 000 Einwohner

Etruskisch, römisch, und der Maler Beato Angelico war hier Dominikanerabt. Unter den Medici wurde der Ort zur begehrten Sommerfrische. Zu besichtigen gibt es den **Dom,** ein Werk der Romanik, mit der von Cosimo Rosselli im späten 15. Jh. ausgemalten Cappella Salutati und Statuen seines Zeitgenossen Mino da Fiesole. Renaissancebaumeister Brunelleschi soll das Innere der Benediktinerabtei **Badia Fiesolana** entworfen haben. In der archäologischen Zone gibt es ein **römisches Theater** mit 3000 Plätzen zu sehen, das noch heute für das Sommerfestival »Estate Fiesolana« genutzt wird. Das **Museo Bandini** beherbergt eine kleine, feine Sammlung mit Renaissancegemälden. Beachtliche Werke der Renaissance finden sich auch in der Klosterkirche **San Francesco** (Bus Nr. 7 von der Piazza San Marco).

MEDICI-VILLEN

Wer es sich erlauben konnte, besaß seit der Renaissance eine Villa für die Sommerfrische im Grünen. Die Medici bewohnten als Fürsten von Florenz natürlich die schönsten Anlagen. Beim Besuch einiger dieser Villen kann man sich selbst davon überzeugen, wie angenehm die Medici auf dem Land lebten. www.regione.toscana.it/cultura/speciali/ville-e-giardini-medicei | der Einlass für alle Villen schließt ½–1 Std. früher

Sehenswertes

VILLA LA MAGIA C3

Eine Villa mit turbulenter Geschichte: Im 14. Jh. für die Familie Panciatichi errichtet, wechselten häufig ihre Besitzer. Heute ist sie in Gemeindebesitz. Auf den Besucher warten barock gestaltete Innenräume und ein klassisch-italienischer Garten.

Quarrata Postoia | Via Vecchia Fiorentina I Tronco, 63 | Tel. 05 73 77 45 00 | www.villalamagia.com | So 16–20 Uhr

VILLA MEDICEA DI CASTELLO D3

In der herrschaftlichen Renaissancevilla, ausgemalt von Volterrano im 17. Jh., ist heute die Sprachakademie Accademia della Crusca untergebracht. Der Garten der Villa mit Wasserspielen gilt als gut erhaltenes Beispiel eines »italienischen Gartens«.

Florenz | Via di Castello, 44 (7 km nordwestl. vom Zentrum) | Tel. 0 55 45 26 91 | Öffnungszeiten wie Villa di Poggia a Caiano (siehe unten)

VILLA MEDICEA LA PETRAIA D3

Um einen mittelalterlichen Turm herum wurde hier eine Renaissancevilla errichtet. Die Fresken im Innern wurden 1648 von Volterrano gestaltet. Sehr schön sind die Repräsentationsräume. Der prächtige Garten liegt auf drei Bodenniveaus.

Florenz | Via della Petraia, 40 (7 km nordwestl. vom Zentrum) | Tel. 0 55 45 26 91 | Nov.–Feb. tgl. 8.30–16.30, März, Okt. 8.30–18, April–Sept. 8.30–19 Uhr, nur geführte Besichtigungen ab 8.45, 9.30, 10.30 Uhr etc.

VILLA DI POGGIO A CAIANO C3

Errichtet Ende des 15 Jh. nach einem Entwurf von Giuliano da Sangallo für Lorenzo il Magnifico, vielleicht die prächtigste Sommervilla der Medici und einer der interessantesten Bauten der Frührenaissance. Herrliche Fresken von Andrea del Sarto u. a. Andrea Sansovino schuf das Basrelief an der Außenfassade.

Poggio a Caiano (18 km nordwestl. von Florenz) | Piazza dei Medici, 14 | Tel. 0 55 87 70 12 | www.prolocopoggioacaiano.it/lavilla.htm | Nov.–Feb. 8.15–16.30, März 8.15–17.30, April, Mai, Sept., Okt. 8.15–18.30, Juni–Aug. 8.15–19.30 Uhr, 2. und 3. Mo im Monat geschl.

Das sehr reizvolle Landleben der Herrscher von Florenz

Der Busch ist so dicht mit gelben Zitrusfrüchten behangen, dass die grünen Blätter fast verschwinden. Auf den ersten Blick erkennt man Zitronen. Doch an dem Busch wachsen auch andere Zitrusfrüchte, die heute unbekannt sind. Unterhalb des Busches auf dem Gemälde werden die einzelnen Früchte in einer Legende namentlich genannt. Der Maler ist unbekannt. **Bartolomeo Bimbi** malte 1696 einen marmornen Tisch mit gelbrötlichen Äpfeln. Eine Menge Äpfel der gleichen Sorte, die aber unterschiedlich groß sind. Von Fruchtnormierung, wie wir sie heute kennen, ist hier keine Rede. Bimbi wollte eine Formenvielfalt wiedergeben, die dem Betrachter Lust macht, sich eines der Obststücke zu nehmen und es zu verkosten.

Es waren nicht die Medici, die das Landleben in Villen erfanden. Sie schauten es sich bei den von ihnen als Vorbild verehrten antiken Römern ab. Es waren Autoren wie Seneca, Catull oder Apuleius, die das komfortable und entspannte Leben in Landvillen dem Stress in Rom vorzogen. Die Medici wollten es ihnen gleichtun, und legten sich ebenfalls solche Anwesen zu.

Rund 200 Gemälde mit Frucht- und Blumenstillleben aus dem 17. und 18. Jahrhundert, eine in Italien einzigartige Sammlung, sind in der **Villa Medicea** in **Poggio a Caiano** zu besichtigen. Die Großherzöge der Toskana waren nicht nur Kunstfreunde und -sammler, sondern auch Genussmenschen. Stillleben zu sammeln, gehörte für sie zum guten Leben. Erst seit einigen Jahren werden diese Gemälde, die lange in den Kellern der Uffizien lagerten, in der Medici-Villa ausgestellt.

Die Villa Poggio a Caiano erhebt sich auf einem sanften Hügel unweit von Florenz. Entworfen von dem Renaissancestar Giuliano da Sangallo, dem Lieblingsbaumeister von Lorenzo des Prächtigen. Sie ist eine der wenigen Medici-Villen der Toskana, die in einem Dialog mit der sie umgebenden Natur steht:

Bartolomeo Bimbi malte dieses barocke Stillleben mit Pfirsichen und Aprikosen, das zur Gemäldesammlung der Medici-Villa Poggio a Caiano gehört.

Jede ihrer vier Seiten öffnet sich mit einer großen Terrasse zur Landschaft. Ihre prächtigsten Säle wurden von Andrea del Sarto, von Franciabigio und Pontormo ausgemalt.

Hier erholten sich die Herrscher, hier lasen sie antike Klassiker und schufen die Idee des eleganten und kultivierten Landlebens. Jeder Medici-Fürst errichtete sich zwischen dem 15. und 18. Jahrhundert seine eigene Villa. So können Toskanareisende heute eine Vielzahl dieser Sommerresidenzen besichtigen. 14 dieser Gebäude gehören seit 2014 zum Weltkulturerbe der UNESCO. Nicht alle Villen sind zugänglich. Einige sind privat, andere Museen oder Orte für privat organisierte Feste.

Die ersten Medici-Villen aus dem späten 14. Jahrhundert wirken wie Trutzburgen und dienten der Verteidigung landwirtschaftlicher Güter gegen mögliche Angreifer. Es war Cosimo der Ältere, der Baumeister Michelozzo mit der Errichtung von Villen in **Careggi** und **Fiesole** beauftragte. Architektur im strengen klassischen Stil der frühen Renaissance. Lorenzo de' Medici liebte es, in Careggi auszuruhen. Hier versammelte er die Mitglieder der von ihm gegründeten neoplatonischen Akademie, in der führende Intellektuelle ihrer Zeit antike Texte diskutieren. Und man genoss gemeinsam das Landleben, mit Wein aus Trauben, die auf den Hängen direkt vor der Villa wuchsen. Infos: www.villegiardinimedicei.it (auch auf Englisch).

In Prato leben immer mehr Chinesen. Kein Wunder also, dass im Kunstmuseum auch ein Werk des chinesischen Künstlers Cai Guo Qiang zu sehen ist.

PRATO C3

191 000 Einwohner

Seit dem Mittelalter steht Prato für Textilien. Seit Jahrhunderten werden hier Stoffe neu produziert bzw. wiederverwertet. Das städtische Bürgertum wurde auf diese Weise reich und versuchte, in Sachen Kunst dem benachbarten Giganten Florenz Konkurrenz zu machen. Die Altstadt wird durch prächtige Gebäude der Gotik und Frührenaissance bestimmt. Der romanische **Dom** aus dem 12./13. Jh. besitzt atemberaubend schöne Fresken von Filippo Lippi (15. Jh.). Im **Dommuseum** befindet sich neben Gemälden von Lippi, Uccello, Dolci u. a. Donatellos Basrelief »Tanz der Putten«. Das interessante **Museo d'Arte contemporanea Luigi Pecci,** eines der wichtigsten seiner Art in Italien, widmet sich der zeitgenössischen Kunst.

Übernachten

Ein Agriturismo der besonderen Art
VILLA RUCELLAI
Die Renaissancevilla liegt an einem Hügel oberhalb der Stadt und bietet nur wenige Unterkünfte. Besonders reizvoll: die beiden großen, besonders eleganten Zimmer im Hauptgeschoss mit hohen Decken und altem Mobiliar. Zur Villa gehört ein prächtiger Park. Ein echter Geheimtipp! Via di Canneto, 16 | Tel. 05 74 46 03 92 | www.villarucellai.it | 11 Zimmer | €€

Essen und Trinken

Vielleicht die beste
Adresse der Stadt
AGORÀ ENO
RESTAURANT
Eine Weinbar und ein Restaurant in perfekter Lage direkt am Domplatz. Die Einrichtung ist durch minimalistisches Design gekennzeichnet. Serviert werden einfache und schmackhafte Gerichte der lokalen Küche, tolle Risotti und Suppen (je nach Saison). Piazza del Duomo, 44 | Tel. 0 57 41 82 59 49 | www.agoraenorestaurant.it | €

PISTOIA C3

Stadtplan → S. 95
90 300 Einwohner

Pistoia ist eine Gründung der Römer. Bevor die Stadt 1251 von Florenz erobert wurde, war die Handelsgemeinde frei und regierte sich selbst. Anschließend konnte sich Pistoia erneut selbst verwalten, doch ab 1530 gehörte die Stadt endgültig zum Herzogtum der Medici. Das historische und – sehr angenehm – wenig touristische und ein wenig verschlafene Zentrum gilt als eines der am besten erhaltenen der Toskana.

Sehenswertes

❶ BATTISTERO DI SAN GIOVANNI b2
Grün-weißer Marmor und feinste Gotik machen diesen achteckigen Bau des 14. Jh., ein Meisterwerk **Andrea Pisanos,** das von Weitem ein wenig wie eine Keksdose von Alessi aussieht, zu einem architektonischen Juwel, das erstaunlich wenig besucht wird. Auch das Innere der Taufkapelle ist reich dekoriert. Piazza del Duomo | Tel. 05 73 35 96 10 | Juni–Sept. tgl. 10–18, Okt.–Mai Fr–So 10–13, 15–18 Uhr | Eintritt frei

❷ DUOMO DI SAN ZENO b2
Der Dom mit seinem fast 70 m hohen Glockenturm ist ein Hauptwerk der romanischen Baukunst. Der gewaltige Innenraum birgt zahlreiche Schätze. In der Capella del Crocifisso er-

Italiens Mekka für Stoffe und Menschen aus China

Wie zog man sich im Mittelalter an? Wie in der Renaissance und im Barock? Aus was für kostbaren Stoffen bestanden die eleganten Roben in der Belle Époque, und wie revolutionierten Modemacher seit dem 20. Jahrhundert unsere Kleidung? Das **Museo del Tessuto,** das Stoffmuseum in Prato, gibt Antworten mit seinen Sammlungen und Wechselausstellungen. Dass Prato über das wichtigste italienische Stoffmuseum verfügt, ist kein Wunder. Seit dem Mittelalter ist das Städtchen berühmt für die Produktion von Stoffen und Wolle. Mit der Herstellung und dem Handel kostbarster Textilprodukte in ganz Europa wurde man bald so wohlhabend, dass die Bürger Pratos es sich erlauben konnten, bei den Stars der Renaissance Kunstwerke in Auftrag zu geben, beispielsweise bei Filippo Lippi und Mino da Fiesola. Der Reichtum der Kunst in Kirchen und Museen legt eindringlich Zeugnis von den goldenen Jahrhunderten Pratos ab.

Von den schätzungsweise 300 000 Chinesen, die fest in Italien leben, finden sich 57 000 in der Toskana, vor allem in Prato und Florenz. In keiner anderer Region Italiens sind so viele Einwanderer aus China in handwerklichen Berufen tätig.

Stoffe und Wolle werden immer noch in Prato produziert. Aber nur noch selten von Italienern. Der wichtigste Industriezweig der Stadt ist inzwischen in der Hand **chinesischer Zuwanderer.** Mehr als ein Drittel aller städtischen Unternehmen gehört Ausländern, vor allem aus dem Reich der Mitte. Auf dem Stadtgebiet existieren mehr als 6000 chinesische Unternehmen, Tendenz steigend. Der Handelskammer von Prato zufolge kommen jedes Jahr etwa drei Prozent mehr chinesische Unternehmen hinzu. Über 400 chinesische Firmen sind allein in der Reinigung und im Recycling von Stoffen und Wolle tätig. Deutsche, französische und spanische Großhändler fliegen inzwischen immer öfter nach Florenz, dann geht es 20 Kilometer mit dem Auto weiter nach

Pratos Textilindustrie, die auf eine jahrhundertealte Tradition zurückblickt, wird heute zu einem guten Teil von chinesischen Bürgern dominiert.

Prato. Dort besuchen sie die chinesischen Stoff- und Modeunternehmen, die vor allem in der Peripherie auf rund 150 Hektar Land in unscheinbaren Baracken und Hallen untergebracht sind. Hier wird bestellt – in riesigen Mengen für den Billigkleidermarkt in ganz Europa. Das ist in vielen Fällen kostengünstiger, als bis nach China zu fliegen und dort produzieren zu lassen. Zudem sind die Transportstrecken für die Waren kürzer.

Die in Prato lebenden und arbeitenden Chinesen sind aber oft Ziel polizeilicher Ermittlungen. Nicht selten werden Arbeiter in den Fabriken ausgebeutet und gesetzliche Regelungen nicht eingehalten. Die Löhne sind extrem niedrig und, auch das ist nicht selten, oftmals werden die Einnahmen beim Fiskus unterschlagen. Pratos asiatische Neubürger sind nicht nur in der Arbeitswelt und auf den Straßen und Plätzen allgegenwärtig. Seit Kurzem sind sie auch im Rathaus. Bei den Kommunalwahlen im Juni 2019 zogen Teresa Lin und Marco Wong als Stadträte in den Palazzo Comunale ein, von dem aus seit dem 13. Jahrhundert die Stadt regiert wird. Aus Zugewanderten werden Bürger, italienische Bürger. Prato ist heute das eindrucksvollste Beispiel für eine **Mehr-Kulturen-Gesellschaft** in Italien.

hebt sich der Altare di San Jacopo, ein großer Altar aus dem 13. bis 15. Jh., der, sehr selten, ganz mit Silber beschlagen ist. Die für die Toskana ungewöhnliche Decke aus Majolika ist ein Werk von Andrea della Robbia. Eine Seltenheit ist auch der fast ganz aus Silber gefertigte Hauptaltar, der auf das 13. bis 15. Jh. datiert.

Piazza del Duomo | tgl. 18–12.30, 15–19 Uhr | Eintritt (für den Altar) 2 €

③ PALAZZO COMUNALE b2

Ein burgähnliches Rathaus aus dem späten 13. und frühen 14. Jh. Angeschlossen ist das sehenswerte und kurioserweise nur wenig besuchte **Museo Civico** mit Kunst der Gotik und Renaissance sowie Gemälden des Barock. Ein Rundgang beweist, dass auch in Pistoia große Meister wirkten.

Piazza del Duomo, 1 | Tel. 05 73 37 11 | Mo–Sa 8–20, So 10–18 Uhr
Museo Civico: Do–So, feiertags 10–18 Uhr

④ OSPEDALE DEL CEPPO b1

Das Hospital wurde wahrscheinlich bereits im 14. Jh. gegründet. Besuchenswert für Eingeweihte ist dieses Gebäude vor allem wegen eines langen und für die Renaissance ungewöhnlichen Majolika-Frieses aus dem frühen 16. Jh., das die Außenfassade der Vorhalle ziert – einmalig in der Toskana. Auch hierher verirren sich nur wenige Toskanareisende.

Piazza Giovanni XXIII | tgl. 10–18 Uhr

⑤ SANT'ANDREA a1

Mittelalterliche Kirche, dekoriert im romanisch-pisanischen Stil. Die fantastische Predigtkanzel aus dem späten 13. Jh. lohnt allein einen Besuch von Pistoria! Sie gilt als Hauptwerk von **Giovanni Pisano** und verdeutlicht die Nähe der mittelalterlichen Kunst der Toskana zur Ikonografie der römischen Antike.

Via Sant'Andrea, 21 | Tel. 0 57 32 19 12 | tgl. 8–18 Uhr

⑥ SAN GIOVANNI FUORCIVITAS b2

Eine der schönsten mittelalterlichen Kirchen der Toskana mit einer zweifarbigen und horizontal gestreiften Marmorfassade der für die Toskana typischen Romanik. Reich mit bedeutenden

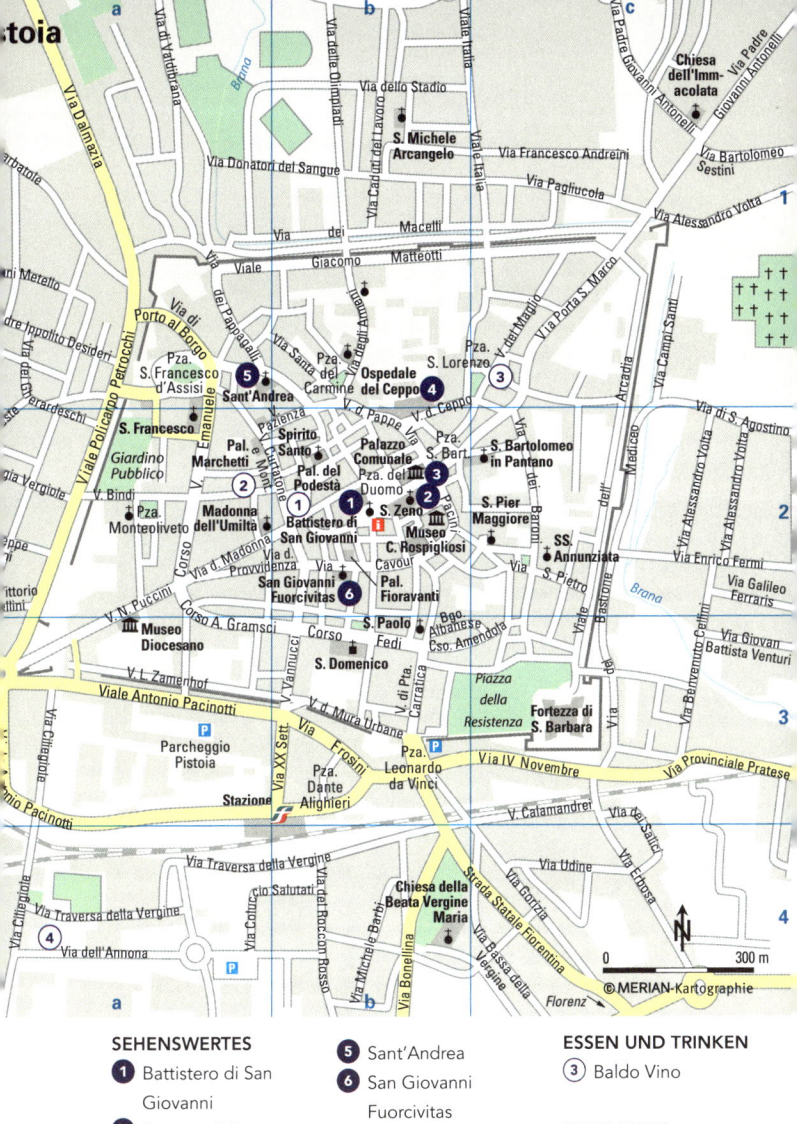

toia

SEHENSWERTES

1 Battistero di San Giovanni

2 Duomo di San Zeno

3 Palazzo Comunale

4 Ospedale del Ceppo

5 Sant'Andrea

6 San Giovanni Fuorcivitas

ÜBERNACHTEN

1 B & B Canto alla Porta Vecchia

2 B & B LO StudiO

ESSEN UND TRINKEN

3 Baldo Vino

EINKAUFEN

4 Mercato dell'Antiquariato

In Montecatini Terme sind selbst die Wasserhähne der Thermenanlage historisch. Wie die übrigen Gebäude stammen auch sie aus dem frühen 20. Jahrhundert.

Kunstwerken geschmückter Innenraum, darunter Arbeiten von Giovanni Pisano, Taddeo Gaddi und Guglielmo da Pisa.

Via Francesco Crispi, 2 | Tel. 0 57 32 47 84 | tgl. 10–17 Uhr

Übernachten

① *Nächtigen wie im 19. Jahrhundert*
B & B CANTO ALLA PORTA VECCHIA b2
Mitten im Zentrum gelegene Unterkunft, komplett wie die Residenz eines reichen Bürgers gegen Ende des 19. Jh. eingerichtet, mit Bibliothek, Piano etc. Auf die Gäste warten geräumige und recht gemütliche Zimmer sowie ausgesprochen luxuriöse Bäder. Sehr stilvoll und persönlich.

Via Curtatore e Montanara, 2 | Tel. 0 57 32 76 92, mobil 3 33 22 66 62 18 | 4 Zimmer | €

② *Design in historischem Ambiente*
B & B LO STUDIO a2
Fresken, alte Holzdecken und modernstes Design gehen eine reizvolle Symbiose ein. Mit Dachterrasse und Panoramablick. Ein sehr zentral gelegenes trendiges B & B.

Via Verdi, 56 | Tel. 0 57 31 94 16 66, mobil 39 39 04 98 28, 3 35 36 06 24 | www.lostudiobb.it | 4 Zimmer | €/€€

Essen und Trinken

③ *Für Weinfreunde*
BALDO VINO c1

Tolles Weinangebot, natürlich vor allem aus der Toskana. Einfache, aber sehr leckere Regionalküche, darunter auch traditionelle Gerichte wie frittiertes Hirn und kräftige Suppen. Unbedingt probieren!

Piazza San Lorenzo, 5 | Tel. 0 57 32 15 91 | www.enotecabaldovino.it | So, Sa mittags geschl. | €

Familienküche
RAFANELLI S. 95, östl. c2

Ein Familienlokal wie aus dem Bilderbuch. Nicht selten sitzen gleich drei Generationen gemeinsam an einem Tisch. Kein Wunder, denn hier wird wie bei Mamma gekocht, es gibt tolle Nudel- und Fleischgerichte. Gemütliche Einrichtung.

Via San Agostino, 47 | Tel. 05 73 53 20 46 | www.ristoranterafanelli.com | Mo, So abends geschl. | €

Einkaufen

④ *Antiquitätenmarkt*
MERCATO DELL'ANTI-QUARIATO a4

Dieser Markt an jedem zweiten Wochenende im Monat ist bei Sammlern weit über die Stadt hinaus bekannt.

Via dell'Annona, 210/Via Sandro Pertini (Area Ex Breda)

MERIAN EMPFEHLUNG 2

Beste Leckereien
CIOCCOLATERIA CATINARI c3

Pistoia und seine Umgebung sind auch berühmt für ihre Chocolatiers. Im Angebot von Catinari finden sich mehr als 130 unterschiedliche Schokoladenzubereitungen. Sehr reizvoll für Jung und Alt: ein Besuch in der am Stadtrand gelegenen Schoko-Fabrik!

Agliana | Via Provinciale, 378 | Tel. 05 74 67 78 47 | www.roberto catinari.it

MERIAN EMPFEHLUNG 3

MONTECATINI TERME c3

20 500 Einwohner

Sehr skurril und architektonisch gesehen sicher die eindrucksvollste **Thermenanlage** Italiens. In einem eigentümlichen Zuckerbäckerstil wurden die Brunnengalerien und die Wandelhalle Ende des 19. Jh. wie ein märchenhafter Palazzo errichtet. Schon im 15. Jh. war die heilsame Wirkung der Quellen bekannt. Sehr hübsch ist das Dorf Montecatini Alto.

VINCI C3

14 600 Einwohner

Ob Renaissancegenie Leonardo wirklich in Vinci geboren wurde, sei dahingestellt. Offiziell heißt es, er habe am 15. April 1452 im Ortsteil Anchiano das Licht der Welt erblickt. Dort lässt sich heute sein »Geburtshaus« besichtigen. Man kann sich gut vorstellen, dass sich an der idyllischen Landschaft seit damals nicht viel verändert hat. Das werden sich auch die Stadtväter gedacht haben und schlachten den Vinci-Mythos weidlich aus.

Sehenswertes

MUSEO LEONARDIANO

Im ehemaligen Schloss der Grafen Guidi aus dem 13. Jh. wurde ein Leonardo-Museum eingerichtet. Hubschrauber, Apparaturen, eine Art Panzer oder ein Maschinengewehr: Zahlreiche funktionstüchtige Erfindungen des Genies wurden auf der Grundlage seiner Zeichnungen in Originalgröße rekonstruiert. Ende 2019 eröffneten zwei weitere Leonardo-Museen. Palazzina Uzielli (Tickets) und Castello dei Conti Guidi | Tel. 05 71 93 32 19 | www.museoleonardiano.it | Nov.–Feb. tgl. 9.30–18, März–Okt. 9.30–19 Uhr | Eintritt 7 €

CERRETO GUIDI C3

10 900 Einwohner

Ein kleiner Ausflug führt in die typische toskanische Natur mit einer grandiosen **Renaissancevilla** – natürlich eine der vielen Sommerresidenzen der Medici. Das Anwesen erreicht man über eine pittoreske Rampe. Die lokale Pfarrkirche, ein Geheimtipp, verfügt über einen kleinen Schatz: ein kostbares Taufbecken aus Terrakotta von Renaissancemeister Giovanni della Robbia.

Im Ort Vinci soll Renaissancegenie Leonardo das Licht der Welt erblickt haben.
Im städtischen Museum lassen sich seine Erfindungen als Kopien bestaunen.

BADIA A COLTIBUONO D4

Unbestritten einer der stimmungsvollsten Orte der Toskana –
und das will was heißen! Postkartenidylle pur! Im 8. Jh. wurde
die fast 700 m hoch gelegene **Abtei** erstmals urkundlich erwähnt. Um das Jahr 1000 soll hier der erste Chianti angebaut
worden sein. Die Kirche stammt aus dem 11. Jh., als das Kloster Eigentum der Vallombrosaner wurde. Neben exzellentem
Wein und Olivenöl erwarten den Gast ein B & B vom Feinsten
in atmosphärisch ausgestatteten alten Klosterzellen und komfortable Ferienwohnungen mit Swimmingpool im Garten.

Gaiole in Chianti | Località Badia a Coltibuono | Tel. 05 77 74 94 79 |
www.coltibuono.com | Direktverkauf Di–So 9–19 Uhr

Essen und Trinken

*Ein gastronomischer
Geheimtipp*
OSTERIA IL PAPAVERO
In dieser rustikalen Trattoria
in Barbischio, die liebevoll
von einem italienisch-schwei-
zerischen Ehepaar restauriert
wurde, kommen handge-
machte Nudeln und Gerichte
nach alten Rezepten auf den
Tisch. Eine ziemlich gemütliche Adresse, umgeben von einer bukolischen Landschaft.

Gaiole in Chianti | Località Barbis-
chio, 15 | Tel. 05 77 74 90 63 | www.
osteriailpapavero.it | €

Tiziano Terzanis wilde und versteckte Toskana

»Orsigna brachte mir die Poesie ins Leben, hierher komme ich, seit ich ein Junge war, hier ist der Ort meines Herzens und mein Zufluchtsort.« Nirgendwo sonst hielt sich der deutsch-italienische Auslandskorrespondent und Reisejournalist Tiziano Terzani so gern auf wie in **Orsigna.** Ein sehr kleiner Ort, rund 800 Meter hoch in den Bergen versteckt. Pistoia liegt etwa 30 Kilometer südlich von Orsigna. Das Dorf ist von dichten Wäldern umgeben, knapp 60 Menschen leben hier. Von Florenz aus braucht man eine Stunde mit dem Pkw. Kurz vor der Ankunft werden die Straßen immer schmaler und kurviger. Die Berge bei Orsigna nannte Terzani »mein Himalaya«.

Hier starb Terzani im Juli 2004 mit nur 65 Jahren nach langer Krankheit. Hier schrieb er sein letztes Buch »Das Ende ist mein Anfang«, mit dem er auch Orsigna ein Denkmal setzte. So verwundert es nicht, dass es heute bei Orsigna einen etwa fünf Kilometer langen und leichten Wanderweg zum Gedenken an den Autor gibt, den »**Sentiero di Terzani**«. Er führt von Orsigna aus bis zum »Albero con gli occhi«, zum Baum mit den Augen – ein großer alter Baum, der von Terzani sehr verehrt wurde.

Kein oft besuchter Wanderweg, und das ist sehr gut so. Bis heute hat nicht nur die Gegend bei Orsigna ihren Nimbus als Geheimtipp bewahrt. Der gesamte Apennin westlich der Autostrada del Sole, die von Florenz nach Bologna führt, bis hin zu den Apuanischen Alpen zwischen Massa am Meer und dem mittelalterlichen Ort Barga ist alles andere als überlaufen. Hier findet man sie noch: eine ursprüngliche Toskana, viel wirklich unberührte Natur und Ortschaften, die zwar keine große Kunst und Architektur bieten, dafür aber ein untouristisches und echtes Leben, das nicht im Dienst der Reisenden steht.

Und aus diesem Grund ließ sich Terzani zum Ende seines Lebens in Orsigna nieder. Deshalb kommen – allerdings nur wenige – italienische und auch ausländische Wanderer in die

Wo Tiziano Terzano lebte, meditierte, wanderte, schrieb und starb: Orsigna ist einer der schönsten und weltabgeschiedensten Orte der Toskana.

Berge zwischen Orsigna und Massa, um die Natur zu erleben, um Ferienhäuser zu mieten, die noch preiswert sind, und um eine nicht von Menschenhand geformte Landschaft zu erleben.

Die Gegend besaß im 19. Jahrhundert wegen ihrer Therme einen gewissen Berühmtheitsgrad. Heute wirkt das Thermalstädtchen **Bagni di Lucca** verschlafen, wie aus der Zeit gefallen. Dass hier schon Julius Cäsar und der Renaissancedichter Boccaccio kurten, Fürst Metternich und Heinrich Heine, Komponisten wie Rossini, Verdi und Puccini, will man kaum glauben. Heute wirkt in Bagni alles ein wenig wie aus einer anderen, einer fernen Ära. Ein Ort mit einem ganz besonderen Reiz. Im nahen Ort **Barga** erhebt sich nicht nur ein eindrucksvoller romanischer Dom, sondern hier findet auch seit 53 Jahren ein privat organisiertes Festival klassischer Musik statt, das **Festival Opera Barga**. Jedes Jahr mit mindestens einer Barockoper, in Szene gesetzt im städtischen Opernhaus Teatro dei Differenti.

Zwischen Barga und Orsigna liegen ausgedehnte Wälder. Kleine Straßen führen durch dichtes Grün und durch malerische Ortschaften, in denen, wenn überhaupt, nur noch wenige Menschen leben. Rund 80 Kilometer Straße vom Schönsten, was die wilde Toskana zu bieten hat. Eine Toskana, die Tiziano Terzani oft beschrieben hat – vor vielen Jahren. Und die sich seitdem fast gar nicht verändert hat.

AREZZO UND
DER OSTEN

Hier regiert die große Kunst von Piero della Francesca, und die zauberhafte Stille der alten Klöster ist ein Hochgenuss. Im einstigen Kernland der Etrusker können Besucher immer noch durch verwunschene Gassen alter Städtchen und malerischer Dörfer spazieren.

Die Landschaft bei Arezzo und in der östlichen Toskana erinnert in weiten Teilen immer noch an Gemälde der Renaissance und des Barock. Kleine, zauberhaft gelegene Ortschaften und eine Natur, die wie eine große Parkanlage wirkt. Und überall stößt man auf Kunst vom Feinsten. Massentouristische Anstürme, wie sie Florenz und auch das Chianti erleben, haben hier immer noch Seltenheitswert. Im Städtchen **Sansepolcro** schuf Piero della Francesca, einer der bedeutendsten Pinselzauberer der italienischen Kunstgeschichte, das mysteriöse Wandbild der »Auferstehung« und im kleinen **Monterchi** das ebenso rätselhafte Bild einer »Schwangeren Madonna«. Das Sujet dieses Gemäldes, das della Francesca ungemein intim gestaltete, ist einmalig in der Kunstgeschichte. Auch **Arezzo** birgt ein einzigartiges Kunstwerk von Piero della Francesca. Seine Fresken in der Cappella Bacci lohnen auch eine längere Anfahrt.

Immer wieder begegnet dem Reisenden im Osten der Toskana der Ordensgründer Franz von Assisi, mit Orten, an denen der Heilige wirkte, und mit Kunstwerken, die an dieses Wirken erinnern. So auch im romantisch von Wäldern umgebenen Kloster **La Verna,** wo Franz von Assisi mit einer Schar von Mitbrüdern lebte. In Arezzo, aber auch in **Cortona** hinterließen Etrusker und Römer ihre Kunst, und Renaissancebaumeister ließen sich von antiken Vorbildern inspirieren.

Die Piazza Grande ist nicht nur der Hauptplatz von Arezzo, sondern beherbergt alle paar Wochen einen der wichtigsten Antiquitätenmärkte der Toskana.

AREZZO E4/5

Stadtplan → S. 105

99 500 Einwohner

Wo sich die Täler von Arno, Chiana und Tiber berühren, erstreckt sich die Stadt auf einem sanft ansteigenden Hügel, dessen Kuppe von **Dom, Bischofspalast** und **Medici-Festung** beherrscht wird. Arezzo ist die heimliche Hauptstadt der Osttoskana und bietet ein einmaliges mittelalterliches Stadtbild, das an die Zeit der politischen Unabhängigkeit im 12. und 13. Jh. erinnert. Mit Palazzi, Kirchen, Wehrtürmen und einem eigentümlichen schrägen Hauptplatz, auf dem regelmäßig ein wichtiger Antiquitätenmarkt stattfindet. Und das Städtchen beherbergt eine Perle der Kunst: Die »Kreuzeslegende« ist eines der Hauptwerke von Piero della Francesca.

Die Etruskergründung, im Mittelalter eine wichtige Handelsstadt, wurde 1384 nach langen Kämpfen für 40 000 Gulden verkauft – an die Erzfeinde in Florenz. In den darauf folgenden Jahrhunderten versank Arezzo in einen Dornröschenschlaf. Das änderte sich erst 1866 mit der Eröffnung der Eisenbahnlinie Florenz–Rom. Dieser Dornröschenschlaf ist auch dafür verantwortlich, dass es im Zentrum Arezzos zu keinen nennenswerten modernen städtebaulichen Veränderungen kam.

Sehenswertes

❶ DUOMO SAN DONATO b2

Die Domfassade mit der breiten Treppe aus dem 16. Jh. stammt aus dem 19. Jh., aber ansonsten sind die Bauelemente aus der Gotik und Frührenaissance erhalten geblieben. Beachtenswert sind die französischen Glasfenster aus dem 16. Jh., das Fresko »Heilige Magdalena« von Piero della Francesca und die »Arca di San Donato«, eine aufwendig dekorierte Urne aus dem 13. Jh. Achten Sie auf die zahlreichen großflächigen Wandmalereien in den Kapellen! Sehenswert ist auch der Hauptaltar aus dem frühen 13. Jh. Es handelt sich dabei um einen sehr seltenen komplett erhaltenen Altar aus der Zeit der Hochgotik.

Piazza Duomo, 1 | Tel. 0 57 52 39 91 | tgl. 6.30–12, 15–18.30 Uhr

❷ SAN DOMENICO b1

Die hochgotische Kirche des Ordens der Bettelmönche mit einem romanischen Portal besitzt in ihrem Inneren selten besuchte Kunstschätze: beachtenswerte Wandmalereien der Schule von Arezzo (13.–15. Jh.). Der Besuch dieser Kirche lohnt vor allem wegen eines bemalten Kruzifixes aus dem 13. Jh. Cimabue schuf damit eines der schönsten Sakralkunstwerke Arezzos.

Piazza San Domenico, 7 | Mo-Sa 10–13, 14–19, So 10–11, 12.30–19 Uhr

❸ CASA VASARI b1

Dieses beeindruckende zweistöckige Renaissancewohnhaus ist eines der am besten erhaltenen aus jener Zeit in der Toskana. Es wurde von dem Baumeister, Maler und Literaten **Giorgio Vasari** (1511–1574) errichtet und seit dem Jahr 1540 bewohnt. Das Museum präsentiert sich mit prächtig geschmückten Sälen, mit Wandmalereien und Kassettendecken. Es war Vasari selbst, der die Räume des ersten Stockwerks mit Gemälden ausstattete. Lassen Sie dieses Gebäude keineswegs links liegen: Es gibt nur sehr wenige andere Beispiele für ein so komplett erhaltenes Wohnhaus aus der Zeit der Renaissance.

Via XX Settembre, 55 | Tel. 05 75 40 90 40 | www.museistataliarezzo.it | Mo, Mi-Sa 8.30–19, So 8.30–13 Uhr | Eintritt 4 €

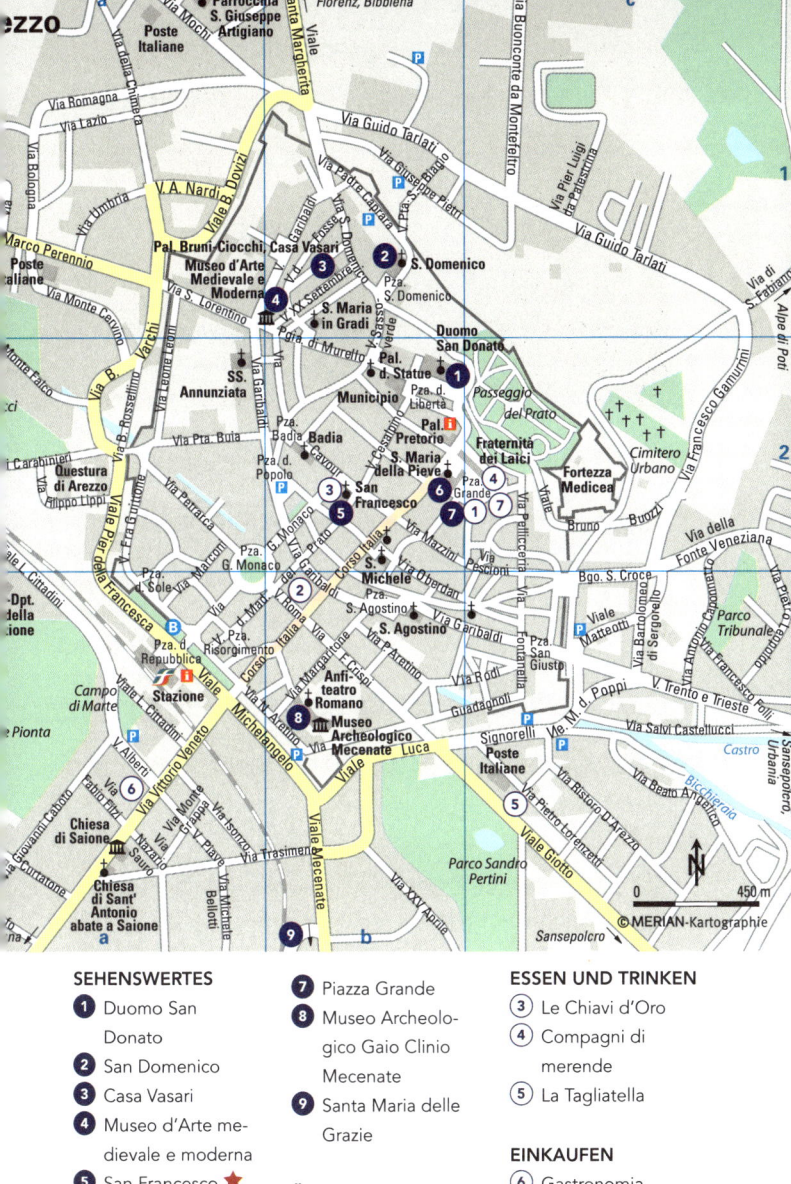

SEHENSWERTES

① Duomo San Donato

② San Domenico

③ Casa Vasari

④ Museo d'Arte medievale e moderna

⑤ San Francesco ★

⑥ Santa Maria della Pieve

⑦ Piazza Grande

⑧ Museo Archeogico Gaio Clinio Mecenate

⑨ Santa Maria delle Grazie

ÜBERNACHTEN

① Corte del Re

② Hotel I Portici

ESSEN UND TRINKEN

③ Le Chiavi d'Oro

④ Compagni di merende

⑤ La Tagliatella

EINKAUFEN

⑥ Gastronomia Dario & Anna

⑦ Fiera Antiquaria

Arezzo ist, wenn es um die ganz große Kunst geht, vor allem wegen der Wandmalereien von Piero della Francesca in der Kirche San Francesco bekannt.

❹ MUSEO D'ARTE MEDIEVALE E MODERNA b1

Keine große, aber eine sehr feine Sammlung: Im **Renaissancepalazzo Bruni-Ciocchi** sind Werke italienischer Renaissancemeister (Parri di Spinello, Luca Signorelli, Andrea della Robbia u. a.) sowie Gemälde vom 16. bis 19. Jh. zu sehen. Reizvoll ist dieses Museum unter anderem, weil es auch, aber nicht nur Kunst des Mittelalters und der Renaissance präsentiert.

Via San Lorentino, 8 | Tel. 05 75 40 90 50 | www.museistataliarezzo.it | tgl. vier Führungen (10, 12, 16, 18 Uhr) | Eintritt frei

 MERIAN TOP 10

❺ SAN FRANCESCO b2

Die Bettelordenskirche aus dem 14. Jh. beherbergt eines der unbestrittenen Meisterwerke der italienischen Kunstgeschichte. Mitte des 15. Jh. schuf der im nahen Sansepolcro geborene Piero della Francesca in der Cappella Bacci im Hauptchor einen der wichtigsten Freskenzyklen in der gesamten italienischen Kunst: »**Die Legende vom Heiligen Kreuz**«. Das Faszinierende an diesem Bilderzyklus ist die Darstellung individueller Züge in den wiedergegebenen Personen, aber auch die Raumaufteilung, die Perspektive, die Farbgebung und Lichtführung, die spätere künstlerische Entwicklungen vorwegnehmen. Beachten Sie die Intimität bestimmter Szenen, ihre raffinierte Ausleuchtung und die tiefe Stille, die von ihnen ausgeht.

Wie etwa in der Darstellung des Traums von Kaiser Konstantin: eine Nachtszene von ergreifender Intensität. Achtung: Man sollte vorab reservieren, um Warteschlangen zu meiden. Nehmen Sie sich Zeit und am besten ein Fernglas mit. Die Details solcher Malereien, oftmals in großer Höhe an Kirchenwänden, wie in diesem Fall, können so besser ausgemacht werden.

Piazza San Francesco | Kartenvorverkauf: Tel. 05 75 35 27 27 | www.pierodellafrancesca-ticketoffice.it | Mo–Fr 9–18.30, Sa 9–17.30, So 13–17.30 Uhr | 8 €

6 SANTA MARIA DELLA PIEVE b2

Die Fassade dieser Kirche, errichtet zwischen dem 12. und 16. Jh., und ihr Glockenturm sind einmalig in Italien. Wegen der filigranen Auflösung wird der Campanile »Turm der 100 Löcher« genannt. Im 19. Jh. wurde der große Innenraum von späteren Dekorationen befreit und ist wieder ganz romanisch. Umwerfend das Altarbild »Madonna mit dem Kind und Heiligen« von Pietro Lorenzetti (frühes 14. Jh.) – es gilt als eines der wichtigsten Werke zum Verständnis hochmittelalterlicher Kunst, aus der bald die frühe Renaissance hervorgehen sollte.

Corso Italia, 7 | tgl. 8–12, 15–19 Uhr

7 PIAZZA GRANDE b2

Für Italiens historische Städte wirklich ungewöhnlich ist der Hauptplatz von Arezzo, der zu einer Seite hin schräg abfällt. Diese ziemlich einmalige Piazza umstehen mittelalterliche Patrizierhäuser. Bis auf die Nordseite haben sich die Gebäude aus dem 13. und 14. Jh. komplett erhalten. An der Westseite erheben sich die **Pieve** aus dem 12. Jh., der **Palazzo del Tribunale,** das Gericht, und der **Palazzo della Fraternità dei Laici,** einer einst einflussreichen Laienbruderschaft. Von Giorgio Vasari stammt der Ende des 16. Jh. errichtete **Palazzo delle Logge.**

Der Platz ist das Zentrum eines der wichtigsten Trödel- und Antiquitätenmärkte der Toskana (→ S. 111). Zu dieser *fiera* kommen Sammler aus der ganzen Toskana. Setzen Sie sich in eines der Cafés an der Piazza und genießen die Umgebung. Nur so erfassen Sie die kuriose Anlage dieses Platzes.

❽ MUSEO ARCHEOLOGICO GAIO CLINIO MECENATE b3

Das archäologische Museum, eines der an antiken Exponaten reichsten in der Toskana, ist in einem ehemaligen Kloster aus dem 16. Jh. untergebracht, zu dem auch die Reste eines **Amphitheaters** aus dem 2. Jh. gehören. Der Besucher erwarten beachtliche Werke der etruskischen und römischen Antike, darunter die *vasi corallini*, eine rötliche Tonware mit Reliefmotiven. Zu den beeindruckendsten Ausstellungsstücken gehört ein Gefäß des Künstlers Euphronius aus dem 5. Jh. v.Chr. Es handelt sich um eine der kostbarsten Sammlungen antiker Kunst in der Toskana.
Via Margaritone, 10 | Tel. 0 57 52 14 21 | www.museistataliarezzo.it | tgl. 8.30–19.30 Uhr | Eintritt 6 €

❾ SANTA MARIA DELLE GRAZIE südl. b3

Etwas außerhalb der Altstadt erhebt sich diese Renaissancekirche aus dem 15. Jh. – ein echter Geheimtipp –, die man durch eine elegante Säulenvorhalle von Benedetto da Maiano betritt. Den schlichten Inneraum dominiert ein großer Hauptaltar von Andrea della Robbia – ein faszinierendes Meisterwerk der Glasurtechnik des frühen 16. Jh. Beachten Sie die Individualität in der Darstellung der einzelnen Figuren!
Via Santa Maria delle Grazie, 1 | tgl. 8–19 Uhr

Übernachten

① *Historisch und mittendrin*
CORTE DEL RE c2

Untergebracht in einem Palazzo an der Piazza Grande bietet das komfortable Vier-Sterne-Hotel geräumige Suiten mit alten Balkendecken. Die meisten verfügen auch über eine Kochnische. Besonders reizvoll: die Räume mit Blick auf den herrlichen Platz direkt vor der Haustür!
Via Borgunto, 5 | Tel. 05 75 40 16 03, mobil 37 72 53 95 81 | www.lacorte delre.altervista.org | 9 Suiten | €/€€

② *Eleganter Palazzo*
HOTEL I PORTICI b3

Vier-Sterne-Haus in einem alten Palast, der vor wenigen Jahren aufwendig restauriert und mit allem modernen Komfort versehen wurde. Die

Der im 15. Jahrhundert konzipierte Säulenvorbau der Kirche Santa Maria delle Grazie in Arezzo ist in architektonischer Hinsicht ein Unikum in der Toskana.

verschieden großen Gästezimmer sind individuell eingerichtet: Alle Räume wurden mit antiquarischen Erinnerungsstücken der Besitzerfamilie verschönert. Besonders reizvoll: Zimmer 28 mit einer Terrasse, die einen schönen Blick auf die Altstadt bietet.

Via Roma, 18 | Tel. 05 75 29 99 01 | www.iporticiboutiquehotel.com | 22 Zimmer | €/€€

4 MERIAN EMPFEHLUNG

Fürstlich auf dem Land
VILLA I BOSSI E5

Residieren in einem über 1000 Jahre alten Landpalazzo, der so groß ist, dass man sich dort verlaufen kann. Mit historischen Gästezimmern, Wandmalereien und antiken Möbeln. Besonders schön: die Zimmer mit Blick in den Park im Haupthaus. Hier wohnt man fürstlich. Modern geht es in den neuen Dependancen im Grünen zu. Frühstück auf Wunsch am Pool, mit frisch gebackenem Kuchen von der Herzogin Francesca Albergotti, die auch Kochkurse organisiert. Dazu ein geometrischer italienischer und ein englischer Landschaftsgarten sowie Wald zum Wandern. Ideal für Reisende, die Ruhe in der Natur suchen.

Località Gragnone, 44/46 | Tel. 05 75 36 56 42 | www.villa-i-bossi. business.site | 8 Zimmer | €€/€€€

*Gediegene Eleganz auf
dem Land*
IL FALCONIERE E5
Ein Landhotel nicht weit von
Arezzo entfernt, in dem sich
die Gäste wie zu Besuch bei
einem Adligen fühlen kön-
nen. Die historische Anlage
bietet keine Standardzimmer,
jede Suite ist anders geschnitten und eingerichtet. Im Park
gibt es einen Swimmingpool
sowie einen Wellnessbereich.
Das Restaurant (ein Miche-
lin-Stern) ist eines der besten
von Arezzo mit ausgezeichnet bestücktem Weinkeller.
Cortona, Loc. San Martino a
Bocena, 370 | Tel. 05 75 61 26 79 |
www.ilfalconiere.it | 11 Suiten | €€

Essen und Trinken

(3) *Raffinierte Haus-
mannskost*
LE CHIAVI D'ORO b2
Gemütliches Lokal mit ausgezeichneter Küche an einem
der belebten Hauptplätze von
Arezzo. Verführerisch: die re-
gionalen Gerichte sind kreativ angerichtet. Unbedingt
probieren: das Spanferkel mit
Roter Bete und Kartoffeln
oder das Artischockentatar
mit weichem Burrata-Frisch-
käse bzw. die auf der Zunge

zergehenden Tortellini-Nu-
deln mit Fischfüllung und Sa-
fran. Es gibt eine gute franzö-
sisch-italienische Weinliste.
Piazza San Francesco, 7 | Tel. 05 75
40 33 13 | www.ristorantelechiavi
doro.it | Mo geschl. | €/€€

(4) *Kleine und feine
Weinbar*
**COMPAGNI DI
MERENDE** c2
In bester Lage unter der Loggia bei der Piazza Grande,
ideal für den schnellen Appe-
tit. Sehr herzhaft schmecken
die Teller mit Käse und Aufschnitt aus der Region. Ausgezeichnete Weinauswahl.
Piazza Grande, 16 | Tel. 0 57 51
82 23 68 | in der Regel tgl. geöff-
net | €/€€

(5) *Regionale Klassiker*
LA TAGLIATELLA c3
Hier ist alles in familiärer
Hand, und auf den Teller
kommt, was man feiertags bei
Arezzos Familien auftischt.
Tolle handgemachte Nudelgerichte, zartes Chianina-Fleisch
und Wildspeisen. Sehr lecker
ist auch die Mousse au choco-
lat. Essen wie bei Mamma!
Viale Giotto, 45 | Tel. 0 57 52 19 31 |
www.ristorantelatagliatella.it |
Mi, So abends geschl. | €

Einkaufen

⑥ *Delikatessenparadies*
**GASTRONOMIA
DARIO & ANNA** b/c2

Mit rund 200 Käsesorten und den besten Wurstleckereien der Toskana, auch von der rein toskanischen Schweinerasse Cinta senese. Ideal zum Verkosten vor allem wenig bekannter Köstlichkeiten.

Via Vittorio Veneto, 14 | Tel. 05 75 90 24 73

⑦ *Kunst und Trödel*
FIERA ANTIQUARIA b2

Einer der besten Antiquitätenmärkte Italiens, an jedem ersten Wochenende im Monat. Hier werden Objekte für jeden Geldbeutel angeboten, vom billigen Krimskrams bis zu antiquarischen Kunstobjekten und historischen Möbelstücken. Besonders reizvoll sind jene Händler, die alte Kupferstiche feilbieten. Hier kann man einen kleinen Stich aus dem 17. Jh., ein wirklich leichtes Toskana-Mitbringsel, schon für 10 € ergattern.

In der Altstadt | Tel. 05 75 37 70 | www.fieraantiquaria.org

Weine und Olivenöl
FATTORIA DI SAN FABIANO DEI CONTI BORGHINI BALDOVINETTI DE BACCI E4

Renaissancevilla mit Agriturismo und ausgezeichneter Produktion von Rot- und Weißweinen sowie bestem Olivenöl. Der Chianti Putto San Fabiano DOCG und die anderen Roten erhielten hervorragende Noten. Weinproben vor Ort und Gastro-Shopping in elegantem Ambiente.

Località San Fabiano | Via di San Fabiano, 33 | Tel. 0 57 52 45 66 | www.tenutasanfabiano.it | Mo–Fr 9–13, 14.30–18.30 Uhr

LUCIGNANO E5

3600 Einwohner

Auf 414 m Höhe lockt im Zentrum des Chiana-Tals dieses stille und ein wenig weltabgeschiedene Dorf mit seinem mittelalterlichen Ortskern, der so gut erhalten ist, dass Filmemacher ihn immer wieder gerne als Set für Historienfilme nutzen. Im Zentrum von Lucignano erhebt sich die eindrucksvolle **Collegiata di San Michele Arcangelo** aus dem späten 16. Jh.

Cortona war einst eine Hochburg der Etrusker. Von dieser Epoche zeugen die erstaunlich gut erhaltenen Exponate dieses Volkes im Museum MAEC.

CORTONA E5

22 500 Einwohner

Erst kamen die Etrusker, dann die Römer. Doch das heutige Stadtbild stammt fast komplett aus dem Mittelalter, wie z. B. die Kirche **San Domenico**. Die zentrale Via Nazionale ist eine Paradestraße mit Palästen und Patrizierhäusern. Renaissance-bauten dominieren hingegen die Piazza della Repubblica. Im **Diözesanmuseum** hängen Meisterwerke aus Mittelalter und Renaissance, darunter von Fra Angelico und Luca Signorelli.

Museales Herzstück Cortonas ist aber das **MAEC,** das bei Einheimischen vor allem unter dem Namen Museo Etrusco ein Begriff ist: eine wahre Schatzgrube etruskischer Objekte, mit der sich nur das etruskische Nationalmuseum in Rom messen kann. Besuchenswert ist auch die Kirche **San Nicolò**. Sie birgt ein zauberhaftes Gemälde von Luca Signorelli. Keinen langen Fußmarsch erfordert die Besichtigung der eleganten Renais-sancekirche **Madonna del Calcinaio.** Sie liegt etwas außerhalb der alten Stadtmauern. Das Besondere dieser Kirche ist ihr Baukörper. Sie wurde um die Wende des 15. zum 16. Jh. nach einem Entwurf von Francesco di Giorgio Martino errichtet und fasziniert durch einen extrem ästhetischen und harmonischen

Zuschnitt. Leider gibt es, auch wenn manche Reiseführer immer noch davon sprechen, das reizvolle Sommerfestival »Tuscan Sun Festival« nicht mehr. Aber auch ohne diese Veranstaltungsreihe brilliert Cortona mit seinen vielen Kunstwerken. Etwa 2 km nordöstlich der Stadt, bei der Staatsstraße SS 71, findet sich etwas sehr Seltenes in dieser Gegend: sogenannte *meloni*. Das sind unterirdische Gewölbe aus etruskischer Zeit.

– MAEC | Piazza Luca Signorelli, 9 | Tel. 05 75 63 72 35 | www.cortonama ec.org | April–Okt. tgl. 10–19, Nov.–März Di–So 10–17 Uhr | Eintritt 10 €

– Museo diocesano | Piazza Duomo, 1 | Tel. 0 57 56 28 30 | www.diocesia rezzo.it | April–Okt. tgl. 10–19, Nov.–März Di–So 10–17 Uhr | Eintritt 7 €

CASTIGLION FIORENTINO E5

13 200 Einwohner

Reizvoller Ort mit mittelalterlichem Charme, engen Gassen und Panoramaaussichten in das Val di Chiana. Die Kirche **Collegiata e Museo della Pieve di San Giuliano,** die zwar aus dem 19. Jh. stammt, aber alte Gebäudereste enthält, birgt die »Madonna col Bambino in trono«, eines der Hauptwerke des Künstlers Segna di Bonaventura (1298–1331). Von der Collegiata erreicht man direkt die **Vecchia Pieve** aus dem Jahr 1451. Sie strotzt nur so vor Gemälden des 17. und 18. Jh. Auch hier wieder ein Meisterwerk aus der Renaissance: eine sehr ergreifende Grablegung von Luca Signorelli, die allein schon den Besuch der Kleinstadt lohnt. Betrachten Sie die einzelnen Gesichter: Dem Maler gelang es auf faszinierende Weise, verschiedene Ausdrucksschattierungen der Verzweiflung über den Tod Jesu wiederzugeben. Die **Pinacoteca comunale** besitzt Werke der wichtigsten Maler der Hochgotik und Renaissance der Toskana. Reizvoll ist die Piazza del Municipio, der Hauptplatz der Ortschaft, mit einem sogenannten **Loggiato Vasariano** aus dem 15. Jh.

– Museo della Pieve di San Giuliano | Piazza della Collegiata | Tel. 05 75 65 80 80 | www.museopievesangiuliano.it | Sa, So 10–12, 15.30–18.30 Uhr, die übrigen Tage nur mit vorheriger Anmeldung

– Pinacoteca comunale | Via del Cassero, 6 | Tel. 05 75 65 74 66 | Di–So 10–12.30, 16–18.30 Uhr | Eintritt 3 €

5 MERIAN EMPFEHLUNG

MUSEO DELLA MADONNA DEL PARTO F4

In der christlichen Kunstgeschichte gibt es nur sehr wenige Gemälde, die eine schwangere Gottesmutter Maria zeigen. Dieses Werk – flankiert von zwei Engeln – schuf Renaissancemeister **Piero della Francesca** um das Jahr 1460, und es hängt in dieser winzigen Ortschaft in einem eigens dafür geschaffenen Zwergmuseum. Ein Bild, für das Kunstliebhaber sogar extra anreisen – nicht nur wegen des ungewöhnlichen Sujets, sondern auch wegen der Fingerfertigkeit seines Erschaffers. Kommen Sie am frühen Abend: Nur so haben Sie die Möglichkeit, dieses zauberhafte Gemälde ganz für sich allein zu haben.

Monterchi | Via della Reglia, 1 | Tel. 0 57 57 07 12 | www.madonnadelpar to.it | Sommer tgl. 9–13, 14–19, Winter 10–13, 14–17 Uhr | Eintritt 3,50 €

SANSEPOLCRO F4

15 900 Einwohner

Große Kunst und ein Stadtkern, der nahezu komplett aus Gebäuden aus dem 15. und 16. Jh. besteht. Geheimtipp für Kunstfreunde, die das Besondere suchen: Das **Museo Civico** präsentiert seinen Besuchern Gemälde, Skulpturen und liturgische Gegenstände der Renaissance, wie beispielsweise eine von Luca Signorelli bemalte Prozessionsstandarte. Von Lokalmatador Piero della Francesca stammt das große Fresko »Auferstehung Christi« aus dem Jahr 1463, ein Hauptwerk seiner reifen Periode, sowie der »Polyptychon der Schutzmantelmadonna«.

Sehenswert sind der romanisch-gotische **Dom,** die **Casa di Piero della Francesca,** sowie die **Via XX Settembre**, die schönste Straßenachse der Altstadt. Hier erheben sich die eindrucksvollsten Paläste aus der Zeit des 15. bis 18. Jh. Besonders imposant: die mächtige Wehranlage **Fortezza Medicea,** wohl nach einem Entwurf des genialen Festungsbaumeisters Giuliano da Sangallo errichtet. Dieser Wehrbau gilt als einer der am besten erhaltenen aus der Zeit der Renaissance in Italien.

Komplett von Wehrmauern umgeben und auf einem Hügel thronend: das zauberhaft verschlafene Dorf Anghiari mit seinen mittelalterlichen Palästen und Kirchen.

Museo Civico | Via Niccolò Aggiunti, 65 | Tel. 05 75 73 22 18 | www.
museocivicosansepolcro.it | Mitte Sept.–Mitte Juni 10–13, 14.30–18,
Mitte Juni–Mitte Sept. 10–13.30, 14.30–19 Uhr | Eintritt 11 €

ANGHIARI F4

5600 Einwohner

Kurz vor Sansepolcro erhebt sich auf einem Hügel dieses reizvolle und von einer Wehrmauer umgebene Dorf mit einem wunderschönen und ausgezeichnet erhaltenen historischen Zentrum. Anghiari ist immer noch ein Insidertipp, und deshalb stolpern Sie hier nie über viele Touristen. Den Besucher erwartet ein labyrinthisches Durcheinander von Gassen und Straßen mit Geschäften, die in mittelalterlichen *botteghe* untergebracht sind. Das **Rathaus** zieren die Wappen der Familien, die hier in früherer Zeit den Ton angaben. Berühmt wurde dieser Ort wegen einer brutalen Schlacht im 15. Jh. Und wegen eines großen Wandfreskos mit diesem Sujet, das Leonardo da Vinci für den Florentiner Palazzo Vecchio schuf – ein Wandbild, das später von Vasari übermalt wurde.

CAPRESE MICHELANGELO E4

1400 Einwohner

In diesem ein wenig von der Welt abgeschieden wirkenden Ort erblickte der grandiose Michelangelo am 6. März 1475 das Licht der Welt. Das hübsch an einem Hang gelegene Örtchen besitzt ein Castello. Gegenüber dem Eingang zur Burg erhebt sich die **Casa del Podesta,** heute das Rathaus, in dem der Meister geboren worden sein soll. Hier befindet sich auch das **Museo Michelangiolesco** mit vielen Hinweisen auf Leben und Werk.
www.casanatalemichelangelo.it

SANTUARIO LA VERNA E4

Lust auf die wilde Natur-Toskana? Der Legende nach soll der hl. Franziskus in diesem Kloster, noch heute mitten in einsamen Wäldern gelegen, seine Stigmata empfangen haben. Fakt ist, dass der spätere Heilige dieses Gebiet vom lokalen Adligen Orlando Cattini di Chiusi als Geschenk erhielt und dass der Ort auch an heißen Sommertagen immer angenehm frisch ist. Historisch verbürgt ist auch, dass Franziskus 1214 diesen Ort besuchte, begleitet von einigen Anhängern. Noch heute ist La Verna einer der Hauptorte der italienischen Franziskusverehrung. Die Renaissancekirche des Klosters stammt aus dem 15. Jh. Sie wurde mit zauberhaften Terrakottaarbeiten verschiedenster Künstler ausgeschmückt. Durch einen mit Wandmalereien verzierten Korridor erreicht man die **Chiesa delle Stigmate** aus der Mitte des 13. Jh. Im Fußboden weist ein Stein auf ebenjene Stelle hin, an der Franziskus die Stigmata erhalten haben soll.

Zu besichtigen ist auch jene Grotte, die der Heilige als Klosterzelle nutzte. Hier schlief er, wie Erklärungstafeln berichten, auf einem Bett aus Stein, das noch gut zu erkennen ist. Ganz in der Nähe befindet sich der **Sasso Spicco,** ein Felsen, unter dem Franziskus ebenfalls lebte. Viele Besucher begegnen dem Kloster mit einer intensiven Ehrfurcht für den Ordensgründer, und zu Feiertagen wird es von zahlreichen Gläubigen aufgesucht.
Chiusi della Verna | Via del Santuario, 45 | Tel. 05 75 53 41 | www.laverna.it | tgl. 6.30–19.30 Uhr

POPPI E4

6200 Einwohner

Ein Traum von Toskana! Die kleine und fast tourisenlose Ort-schaft liegt ganz im Norden der Region, etwa 40 km östlich von Florenz. Sie war im 13. und 14. Jh. als Hauptsitz des Ge-schlechts der Guidi weithin bekannt. Von hier stammt auch der berühmte Frührenaissance-Bildhauer Mino da Fiesole. Man hat den Eindruck, dass sich seit Jahrhunderten nur wenig verändert hat. Besuchenswert ist das **Castello Pretorio** aus dem 13. Jh., das über dem Ort und dem umliegenden Casentino-Tal thront. Es birgt eine Bibliothek mit einer der reichsten Sammlungen toskanischer mittelalterlicher Handschriften.

www.comune.poppi.ar.it

EREMO E MONASTERO DI CAMALDOLI E3

Einer der zauberhaftesten Orte in dieser nur wenig überlaufe-nen Region der Toskana. Das **Kloster** steht mitten im Wald und lockt – erholsam in den heißen Sommermonaten – wegen seiner Höhe auf über 1000 m mit frischen Temperaturen. Das erste Kloster des 1012 gegründeten Kamaldulenserordens hat seine architektonische Struktur aus Mittelalter und Barock weitgehend erhalten. Besichtigen kann man historische Zellen der Klosterbrüder, eine komplett barocke Apotheke, die heute ein Klostershop ist (mit Produkten auch aus anderen Klös-tern), sowie eine Kirche aus dem Manierismus mit herrlichen Stuckaturen. Die Einsiedelei bietet Besuchern, die sich von dem Ort verführen lassen, auch die Möglichkeit zu Übernach-tungen (Foresteria dell'Eremo: Tel. 05 75 55 60 21, 05 75 55 60 44, Monastero: Tel. 05 75 55 60 12). Immer wieder finden sich auch Wanderer ein, denn die Gegend gilt als eines der schönsten Wandergebiete der nördlichen Toskana.

Loc. Camaldolesi 14 | www.camaldoli.it

– Sacro Eremo di Camaldoli | Tel. 05 75 55 60 21

– Monastero di Camaldoli | Tel. 05 75 55 60 12

SIENA UND DER SÜDEN

Siena, die »Dunkle«, Pienza, die »Ideale«, und San Gimignano, die »Turmreiche«. In den lieblichen Hügeln rund um diese Städtchen mit ihrer atemberaubenden Architektur liegt das eigentliche Herz der Toskana. Auch das berühmte Weinanbaugebiet des Chianti findet sich hier.

Siena kann man ohne Bedenken als die Hauptstadt der Südtoskana bezeichnen. Lange war die Stadt die ganz große Gegenspielerin zum Florenz der Medici-Fürsten. Man versuchte, durch die Anwerbung wichtiger Künstler mit der Metropole am Arno zu konkurrieren. Die von wohlhabenden Patriziern und Händlern regierte Stadt besaß mit der 1472 gegründeten **Monte Paschi di Siena,** der ältesten Bank der Welt, eine stetig fließende Geldquelle, über die man die Schaffung großartiger Kunstwerke finanzieren konnte. So lebten und arbeiteten zahlreiche Stars unter den damaligen Künstlern in Siena, die, wie Arnolfo di Cambio, Lorenzetti oder Ducci, großartige Meisterwerke in der auf drei Hügeln gelegenen Stadt hinterließen.

Im Jahr 1559 war es schließlich aus mit der autonomen Pracht. Siena und der Süden der Toskana wurden Teil des Medici-Staates und fielen in einen langen Winterschlaf – zum Glück für uns heutige Besucher, denn die Stadt wurde architektonisch oder urbanistisch so gut wie gar nicht modernisiert oder modifiziert. Auch wenn Siena und Florenz fortan die toskanische Geschichte miteinander teilten, ist diese südtoskanische Stadt anders als ihre große Schwester am Arno: kleiner und übersichtlicher und in ihrem Gesamteindruck mehr der spätmittelalterlichen Architektur verhaftet.

Auch die Landschaft ist eine andere: Es gibt weniger Wälder, weniger sattes Grün, dafür erdfarbene Hügel und Weinberge wie etwa bei **San Gimignano** und **Pienza.** Der Süden der

Die muschelförmige Piazza del Campo in Siena ist wohl der kurioseste Platz der Toskana. Zweimal im Jahr findet hier das Palio-Rennen statt.

Toskana bietet eine Vielzahl romantischer und malerischer Perspektiven, die nicht nur durch Renaissancepaläste und bedeutende Gemälde bestimmt werden. Mittelalterliche Klosterruinen und romanische Kirchen, zeitgenössische Kunst von Niki de Saint Phalle und anderen und Weinorte wie **Montepulciano** und **Montalcino** reihen sich aneinander. All das kann relativ einfach erwandert oder erradelt werden.

SIENA D5

Stadtplan → S. 121

53 900 Einwohner

Die **Monte Paschi di Siena** existiert immer noch, doch geht es ihr und damit auch der Stadt nicht gut. Die Bank gab noch bis vor wenigen Jahren kulturpolitisch das meiste Geld für Ausstellungen und Restaurierungen der zahllosen historischen Palazzi und Kirchen aus Mittelalter und Frührenaissance sowie für die angesehene Universität und kulturelle Veranstaltungen aus. Ebenso für die berühmte **Accademia Musicale Chigiana,** die jedes Jahr im Sommer ein eigenes Festival veranstaltet, das viele Toskanabesucher anzieht. Doch dann entdeckte die Staatsanwaltschaft 2012 zwielichtige Bankgeschäfte und riesige Finanzlöcher. Nun ist der Geldstrom des Sponsors versiegt, der Tourismus ist jetzt die Haupteinnahmequelle.

Sehenswertes

MERIAN TOP 10

❶ PIAZZA DEL CAMPO b2

Von der 88 m hohen **Torre del Mangia** (14. Jh.) ist das Panorama auf Stadt und Umland fantastisch, und man erkennt deutlich, dass die Piazza an eine Muschel erinnert. Umrahmt von gotischen Patrizierhäusern findet auf dem Campo seit Jahrhunderten das berühmte Reiterrennen **Palio** statt (→ S. 39). Der Platz ist nicht eben, sondern fällt Richtung Rathaus hin ab. Der **Palazzo Pubblico,** das Rathaus, ist ein gotisches Hauptwerk aus dem späten 13. Jh. Zur Piazza del Campo gehört auch die **Fonte Gaia**, ein rechteckiges Brunnenbecken von Jacopo della Quercia (1419). Es wird mit Wasser gespeist, das durch das noch voll funktionstüchtige Kanalnetz aus dem 15. Jh. fließt. Lassen Sie sich von diesem Ort verführen und setzen Sie sich in eines der Cafés, am besten spätabends, wenn sich der Campo leert und eine ungewöhnlich stille Atmosphäre vorherrscht.

❷ MUSEO CIVICO b2

Die Sammlung ist im **Palazzo Pubblico**, dem Rathaus mit seinem imposanten Turm, untergebracht. Von hier aus regierten die Patrizier Siena und das Umland. Die Prachtsäle sind mit herrlichen Fresken geschmückt. Unbedingt in Ruhe betrachten: das Wandbild »Die schlechte und die gute Regierung« von Ambrogio Lorenzetti (1337–1339) in der Sala della Pace. Die Gemälde machen deutlich, dass ein Tyrann eine Gemeinschaft zugrunde richten kann, während eine vernünftige Regierung aus den Vertretern aller Stände reiche Früchte erbringt.
Piazza del Campo, 1 | Tel. 05 77 29 22 32 | www.comune.siena.it | Nov.–Mitte März tgl. 10–18, 16. März–Okt. 10–19 Uhr | Eintritt 10 € (mit Turm 15 €)

❸ MUSEO DELLE TAVOLETTE DI BICCHERNA c2

Immer noch ein Geheimtipp für Kunstfreunde, die das Besondere suchen! Lorenzetti, Beccafumi und andere berühmte Renaissancekünstler bemalten die hölzernen Buchdeckel von

© MERIAN-Kartographie

SEHENSWERTES

1 Piazza del Campo ★

2 Museo Civico

3 Museo delle Tavolette di Biccherna

4 San Domenico

5 Museo dell'Opera Metropolitana

6 Duomo Santa Maria Assunta

7 Pinacoteca Nazionale

8 Basilica dei Servi

ÜBERNACHTEN

1 Grand Hotel Continental

2 Hotel Antica Torre

ESSEN UND TRINKEN

3 Grotta di Santa Caterina da Bagoga

4 Caffè Fiorella

5 Bar Gelateria Nannini

6 Millevini

7 La Taverna di San Giuseppe

EINKAUFEN

8 Country Tours

9 Gastronomia Morbidi

Fast der gesamte Fußboden des Sieneser Doms Santa Maria Assunta wurde zwischen dem 15. und 19. Jahrhundert als riesiges Intarsienkunstwerk geschaffen.

Rechnungsbüchern und Kontenregistern, die *biccherna*. 105 dieser Buchdeckel werden ausgestellt. Das Museum beweist, dass Geschäftsleute und Bankiers schon während der Renaissance auch Mäzene waren – sogar in der Verschönerung von Alltagsgegenständen wie Rechnungsbüchern.

Archivio di Stato | Via Banchi di Sotto, 52 | Tel. 05 77 24 71 45 | tgl. dreimal Zugang zum Museum (9.30, 10.30, 11.30 Uhr) | Eintritt frei

❹ SAN DOMENICO a2

Eine der großartigsten Kirchen Sienas. Das burgartige Gebäude aus dem hohen Mittelalter mit einem fast verschwindend klein wirkenden Glockenturm beherbergt in der **Cappella di Santa Caterina** Reliquien der Heiligen. Die erst vor wenigen Jahren restaurierte Kapelle zeigt Fresken des 16. Jh. Beachtenswert ist auch die Renaissancekunst in den Seitenkapellen. Von der Apsisterrasse aus hat man einen wunderbaren Blick auf Siena. Kurios: In dieser Kirche werden in Reliquienbehältern der Kopf und ein Finger der Heiligen Caterina ausgestellt.

Piazza San Domenico | Tel. 05 77 28 68 48 | www.basilicacateriniana.com | März–Okt. tgl. 7–18.30, Nov.–Feb. 9–18 Uhr | Eintritt 9 € (mit Turm 20 €)

⑤ MUSEO DELL'OPERA METROPOLITANA b2

Eine der an Gemälden, Fresken, Holz- und Goldarbeiten reichsten Sammlungen früher Renaissancekunst in der Toskana. Nehmen Sie sich ein wenig Zeit für diese Exponate, denn als Einstieg in die Kunstszene Sienas bietet sie Werke der beispielhaftesten Maler, darunter Meister wie Duccio di Buoninsegna, Pietro Lorenzetti, Domenico Beccafumi und viele andere. Piazza del Campo, 8 | Tel. 05 77 28 30 48 | www.operaduomo.siena.it | Öffnungszeiten wie der Dom | Eintritt 7 €

⑥ DUOMO SANTA MARIA ASSUNTA b2

Der Dom sollte das größte Gotteshaus der Christenheit werden, aber 1348 ging den Stadtvätern das Geld aus. Doch auch das Langhaus mit seinen 89 m, das »nur« ein Querschiff werden sollte, beeindruckt. Der Besuch dieser Kirche lohnt vor allem wegen seines Fußbodens: Er ist zwischen dem 15. und 19. Jh. mit profanen und sakralen Motiven gestaltet worden – nahezu komplett auf 1300 qm und in Form von 56 Darstellungen in mehrfarbigen Marmorintarsien. Jedes Jahr zwischen August und Oktober wird dieses größte italienische Fußbodenkunstwerk enthüllt. Das restliche Jahr über ist es unter Schutzplanken verborgen. Ein weiterer ganz großer Schatz dieses Gotteshauses: Kardinal Piccolomini, der spätere humanistische Papst Pius III., stiftete 1495 die prächtige **Libreria Piccolomini,** die mit zehn monumentalen, außergewöhnlich farbintensiven Fresken von Pinturicchio ausgemalt wurde. Piazza del Duomo | Tel. 05 77 28 63 00 | www.operaduomo.siena.it | März–2. Nov. 10.30–19, feiertags 13.30–18, 3. Nov.– 25. Dez., 7. Jan.–28. Feb. 10.30–17.30, feiertags 13.15–17.30, 26. Dez.–6. Jan. 10.30–19, feiertags 13.30–17.30 Uhr | Eintritt 4 € (mit Fußboden 7 €), 25 € Sammeleintritt für Dom, Baptisterium und verschiedenen Museen

⑦ PINACOTECA NAZIONALE b3

Hier kann man sie alle finden, die wichtigsten Repräsentanten der italienischen Hochgotik und Renaissance. Denn fast alle von ihnen standen in Siena in Diensten und schufen Meisterwerke. Atemberaubend schön: die »Madonna dei Francescani«

von Duccio di Buoninsegna. Im dritten Stock hängt eines der faszinierendsten Gemälde der flämischen Kunst: der »Turmbau zu Babel« von von Pieter Bruegel dem Älteren.

Via di San Pietro, 29 | Tel. 05 77 28 11 61 | www.pinacotecanazionale. siena.it | So, Mo 9–13, Di–Sa 8.15–19.15 Uhr | Eintritt 8 €

8 BASILICA DEI SERVI c3

Ganz offiziell heißt die dreischiffige Kirche aus dem 13. Jh. San Clemente in Santa Maria dei Servi. Das Gotteshaus ist wegen seiner vielen außergewöhnlichen Kunstwerke ein wahres Museum für Sakralkunst des späten Mittelalters und der frühen Renaissance. Hier ist sehr gut zu sehen, wie sich langsam aus der mittelalterlichen Weltschau eine neue Perspektive entwickelte. Auf der Treppe zum Haupteingang sollten Sie den herrlichen Blick auf die alten Stadtmauern und die **Torre del Mangia** genießen. Ein kleines Architekturjuwel liegt direkt hinter der Kirche: Wie in der Sixtinischen Kapelle in Rom sind Wände und die Decke des **Oratorio della SS. Trinità** komplett mit Fresken von Salimbeni und Rustici ausgemalt worden.

Piazza Manzoni, 5 | Tel. 05 77 22 26 33 | tgl. 8.30–18.30 Uhr

Übernachten

1 *Fürstlicher Charme*
GRAND HOTEL CONTINENTAL b1

Ein Luxushotel der besonderen Art im zentralen Palazzo Gori Pannilini. Die prachtvolle Residenz war ein Geschenk von Papst Alexander VII. an seine Nichte Olimpia. Geräumige Zimmer, von denen einige, zur verkehrsberuhigten Straße hin, mit Fresken ausgeschmückt und mit historischem Mobiliar ausgestattet wurden. Das hauseigene Restaurant Sapordivino mit exzellentem Weinkeller gilt als eines der besten Sienas.

Via Banchi di Sopra, 85 | Tel. 0 57 75 60 11 | www.grandhotelcontinentalsiena.com | 20 Zimmer, 6 Suiten | €€€/€€€€

2 *Wohnen im Turm*
HOTEL ANTICA TORRE c2

Diese Unterkunft muss lange vorgebucht werden, denn die Zimmer befinden sich in einem mittelalterlichen Turm.

Sienas Kirchen müssen erwandert werden, denn sie liegen auf verschiedenen Hügeln. So auch die Basilica Santa Maria dei Servi im Südosten der Stadt.

Von den hoch gelegenen Räumen hat man einen Blick auf die Stadt. Die Bäder sind ein wenig eng, aber dafür wohnt man in einem wirklich ungewöhnlichen Ambiente. Via di Fiera Vecchia, 7 | Tel. 05 77 22 22 55 | www.anticatorresiena.it | 8 Zimmer | €

Essen und Trinken

③ *Essen beim Fantino*
GROTTA DI SANTA CATERINA DA BAGOGA b2

Pierino Fagnani war *fantino*, also Reiter, beim Palio. Doch seine Leidenschaft gehört der lokalen Küche. In seinem rustikalen Lokal, im Keller eines alten Palazzo, wird eine deftige, aber sehr typische Hausmannskost geboten, wie sie inzwischen in Siena selten geworden ist – darunter zarter gefüllter Hühnerhals, handgemachte Breitbandnudeln mit Wildschweinsoße oder die wirklich fantastische Fasanenfleischsuppe mit Linsen. Via della Galluzza, 26 | Tel. 05 77 28 22 08 | www.ristorantebagoga.it | So abends und Mo geschl. | €

④ *Untouristischer Geheimtipp!*
CAFFÈ FIORELLA b2

Gleich hinter der Piazza del Campo befindet sich die kleine Kaffeebar, die in ganz Siena für ihre Espressi und Cap-

Unbedingt probieren: den herzhaften Pecorino. Je nachdem, wie er hergestellt wird, schmeckt er mehr oder weniger würzig, scharf oder sogar leicht süßlich.

puccini ein Begriff ist. Viele junge Leute. Morgens gibt es zum Kaffee warme, mit Marmelade gefüllte Hörnchen.

Via di Città, 13 | Tel. 37 71 86 72 28 | www.caffefiorella.it

⑤ Traditionsbar
BAR GELATERIA NANNINI b2

Die Bar gehört dem Papa von Rockröhre Gianna Nannini. Es gibt frische Tramezzini-Sandwiches und ein reiches Kuchensortiment, vor allem eine gute Auswahl der für Siena typischen würzig-süßen Panforte-Kuchen mit Nüssen und Mandeln. Dazu emp-

fiehlt sich ein Dessertwein. Sehr reizvoll, weil diese Bar von der Innenstadtbourgeoisie Sienas gern besucht wird.

Via Banchi di Sopra, 24 | www.caffetterianannini.com | Tel. 05 77 23 60 09

⑥ Eine der besten Weinbars der Stadt
MILLEVINI a1

Ideal für eine Pause zur Mittagszeit: Serviert werden toskanische Gastroklassiker wie ein *brasato* aus dem zarten Chianina-Fleisch oder herzhafte Suppen und Vorspeisenplatten mit Käse oder Aufschnitt. Dazu empfiehlt sich ein Glas Wein. Das Angebot kann sich mit seinen rund 1500 Sorten wirklich sehen lassen. Das Lokal gehört zu den Festungsanlagen, die die Medici errichten ließen.

Piazza della Libertà, 1 | Tel. 0577 247121 | www.ristorantemille vini.it | So geschl. | €

⑦ Im Etrusker-Keller
LA TAVERNA DI SAN GIUSEPPE b3

Auf der Karte steht eine klassische toskanische Küche, serviert im tiefen und kühlfrischen Keller eines Palazzos aus dem 11. Jh. mit Gebäuderesten eines etruskischen Hauses. Toller Weinkeller mit rund 600 Etiketten.

Via Giovanni Duprè, 132 | Tel. 0577 2286 | www.tavernasan giuseppe.it | €€

Rustikal
L'OSTE MEZZO AL GUGGIOLO S. 121, südwestl. a3

Die Rezepte der Trattoria von Trüffelsucher Mario Vannini stammen von seinem Schwiegervater: exzellente Fleischgerichte, im Herbst und Winter natürlich mit Trüffeln. Kleine lokale Weinauswahl, auch im Glas. Man sollte unbedingt im Herbst kommen – wegen der frischen Trüffeln.

Via Massetana, 30 | Tel. 057722 6821, mobil 33478018 30 | Do geschl. | €

Einkaufen

⑧ Weine? Würste? Käse?
COUNTRY TOURS c2

Die Agentur organisiert önologische und gastronomische Entdeckungstouren zu Winzern und Bauern, darunter echte Insideradressen. Perfekt für Hardcore-Feinschmecker auf der Suche nach Leckereien!

Logge del Papa, 2 | Tel. 05774 4101 | www.country-tours.com

⑨ Hübscher Delikatessenladen
GASTRONOMIA MORBIDI b1

Käse und Würste, Weine, Kuchen und Gebäck. In diesem Laden findet sich eine ausgezeichnete Auswahl toskanischer Spezialitäten an einem Ort versammelt. Die meisten Produkte stammen direkt aus der Umgebung von Siena, weshalb man sich in Sachen Herkunftsgarantie keinerlei Sorgen machen muss.

Via Banchi di Sopra, 75 | Tel. 0577 280268 | www.morbidi.com

ASCIANO D5

7100 Einwohner

Die im 14. Jh. errichteten Wehrmauern umschließen dieses auch in der Hochsaison verschlafen wirkende Dorf. Fast alle Gebäude stammen aus dem späten Mittelalter. Links von der romanischen Kirche **Santa Agata** lockt das **Museo Palazzo Corboli** mit Kunstwerken der frühen Renaissance, darunter von Matteo di Giovanni und Ambrogio Lorenzetti. Sehr schön: die ganz mit Fresken ausgemalten Säle des Museums. Ganz in der Nähe, bei der Straße Richtung Siena, durchfährt man die *crete*, eine von Wind und Wetter fantastisch verformte pittoreske Landschaft. Durchfahren, oder besser noch durchwandern Sie diese Gegend im Frühling oder im Herbst!

Museo Palazzo Corboli | Corso Giacomo Matteotti, 122 | Tel. 05 77 71 44 50 | www.museisenesi.org | Eintritt 5 €

 6 MERIAN EMPFEHLUNG

MONTERIGGIONI D6

9800 Einwohner

Unbedingt besichtigen! Hier scheint sich seit dem Mittelalter nichts verändert zu haben. Auf einem Hügel erhebt sich eine gewaltige Stadtmauer mit 14 viereckigen Türmen. Die Verteidigungsanlage ließ die Stadtrepublik gegen die Feinde in Florenz errichten. Das Ensemble wirkt wie eine Szenografie für einen Historienfilm. Urlauber finden sich hier unbegreiflicherweise selbst in der Hochsaison nur selten ein. Der Ort bietet keine große und weltbewegende Kunst, doch lädt er zu einem schönen Spaziergang ein, denn hier findet man sie noch: eine recht ursprüngliche und wenig touristische Toskana.

Sehenswertes

ABBADIA ISOLA

Kleine, stimmungsvolle und ungemein intime Ortschaft, die im 11. Jh. um eine Zisterzienserabtei herum entstanden ist. Im Inneren der Klosterkirche SS. Salvatore e Cirino malte Taddeo di

Schon Dante beschrieb in seiner »Göttlichen Komödie« die Wehrmauern von Monteriggioni. Viel hat sich seit dem Mittelalter hier nicht verändert.

Bartolo (Anfang 15. Jh.) ein Wandbild, und ein Schüler Duccios oder er selbst – die Experten streiten sich noch – das zauberhafte Bild »Madonna col Bambino in trono«. Der ganz in sich gekehrte Gesichtsausdruck der Gottesmutter, zwischen orthodoxem und Frührenaissancestil, zieht den Blick des Betrachters magisch auf sich. Immer noch ein Geheimtipp in der Toskana!

Superstrada (Ausfahrt Monteriggioni)

Essen und Trinken

Aus Alt mach Neu
FUTURA OSTERIA
Unbedingt ausprobieren: In diesem Restaurant wird versucht, Traditionsgerichte ein wenig zu »entstauben«, d. h. für moderne Gaumen etwas sanfter zu gestalten. Das Resultat: eine beinahe schon leichte toskanische Küche. Es gibt ausgezeichnete Vorspeisen mit regionalem Aufschnitt und Käse sowie edle Weine aus biologischem Anbau.

Località Abbadia Isola, 7 | Tel. 05 77 30 12 40 | www.futuraosteria.it | Mo und Di geschl. | €

Haute Cuisine alla toscana
ARNOLFO
Chef Gaetano Trovato ist unbestritten einer der kreativsten Küchenzauberer der gesamten Toskana. In seinem kleinen Restaurant mit nur 30 Plätzen und einer umwerfenden Panoramaterrasse bietet er in der Regel drei vollkommen unterschiedliche Menüs an, die sich immer zwischen

Die Ernte ist auf vielen Weingütern reine Handarbeit. Besucher können manchen Winzern bei ihrer Arbeit zuschauen, wie hier in Radda in Chianti bei Volpaia.

WEIN

Von Reben in Fässern und in Meerwasserkörben

Zum Thema Wein und Italien fällt den meisten natürlich der **Chianti** ein, jener Rotwein aus der Toskana, der vor allem aus Sangiovese-Trauben besteht. Der einst als Synonym für Italo-Wein in traditionell strohumflochtenen Flaschen abgefüllte und europaweit verkaufte Wein wurde urkundlich ganz offiziell zum ersten Mal im Jahr 1398 erwähnt. Dabei hat die Toskana beileibe viel mehr zu bieten als nur den roten Chianti, dessen Anbaugebiet in den vergangenen 50 Jahren immer größer geworden ist. Das führte allerdings dazu, dass der Chianti zunehmend seine önologische Identität verlor.

Die Toskana ist unbestritten Italiens bedeutenste Weinlandschaft. Man sollte sich vor Augen halten, dass in dieser Region ein Drittel aller in den wichtigsten Weinführern prämierten **Weingüter** liegen. Auf rund 72 000 Hektar Rebfläche werden jährlich etwa 1,2 Millionen Hektoliter D.O.C.- und D.O.C.G-Qualitätsweine abgefüllt. Immer mehr Güter, neben kleinen und familiengeführten Unternehmen auch die ganz Großen, bauen nicht nur Sangiovese an, sondern die in ganz bestimmten Gegenden der Toskana einst typischen autochthonen Rebsorten. Und damit haben sie immer mehr Erfolg.

Der **Elba Aleatico Passito DOCG** etwa besteht aus den für die Insel Elba typischen Aleatico-Rebsorten – ein süßer Dessertwein aus Trauben, die wahrscheinlich bereits in der Antike von Griechenland aus nach Elba gelangten. Die Etrusker hingegen sollen bereits eine Sorte angebaut haben, die heute als **Trebbiano Toscano** bekannt ist. Einst wurde dieser Wein vor allem im Grenzgebiet zu Ligurien kultiviert. Inzwischen gehört er zu verschiedenen Traubenmischungen, aus denen Weiß- und Dessertweine gekeltert werden.

Den ersten Wein in der Toskana kultivierten nicht die Römer. Es waren, wie so oft in der Region, die Etrusker, die im 7. Jahrhundert v. Chr. Wein anbauten. Die Technik hatten sie von den Griechen abgeschaut, die schon vor ihnen in Süditalien Wein produzierten. Doch der Etruskerwein war seinerzeit sehr süß oder sehr gewürzt.

Obwohl die Rebsorte **Malvasia Bianca Lunga** auf den Hügeln der Chianti-Gegend seit rund zehn Jahrhunderten heimisch ist, fristete sie lange ein önologisches Schattendasein. Unbegreiflicherweise, denn diese Rebsorte, die bis zu maximal zehn Prozent des Chianti Classico DOCG ausmacht, kann auch, zusammen mit dem Trebbiano zu einem hervorragenden Dessertwein, dem Vin Santo, gekeltert werden. Es gibt in puncto Wein also viel zu entdecken. Neben den international bekannten Klassikern der Toskana finden Weinliebhaber alle nur denkbaren spannenden Tropfen. Es reicht, die Produkte der Produzenten in der nächsten Umgebung eines Ferienortes zu verkosten.

Antonio Arrighi aus Elba produziert einen ganz besonderen Wein. Dieser angesehenste Winzer der Insel baut Wein in Meereskörben im Salzwasser des Meeres aus. Die geernteten Trauben werden dafür einige Tage ins Wasser gehängt. Das setzt chemische und antioxidantische Prozesse frei, die den Gebrauch von Sulfaten im Wein unnötig machen – eine antike Methode, von den Griechen entwickelt, deren Resultat der sogenannte »Vinum Insulae« sein wird. Ab 2020 wird er im Handel sein.

reiner Kreativität und Verbundenheit mit dem Territorium bewegen. Der Weinkeller ist natürlich ein Traum jedes Fachtrinkers. Wer will, kann hier auch in einem der lässig eingerichteten Gästezimmer mit allem Komfort übernachten. Das Frühstück ist genauso ausgezeichnet wie das Mittag- und Abendessen. Colle di Val d'Elsa | Via XX Settembre, 50 | Tel. 05 77 92 05 49 | www.arnolfo.com | €€€€

Insidertipp
LA VECCHIA GHIACCERA
Im kleinen mauerbewehrten Monteriggioni lockt diese Gelateria mit handgemachtem Eis aus garantiert biologischen Zutaten. Hinter der Eisdiele wird auch Salziges zubereitet, besonders lecker sind die Panini-Brötchen mit Fenchelsalami aus der Region. Via 1 Maggio, 9 | Tel. 05 77 30 46 23 | Mitte März–Nov.

MERIAN TOP 10

CHIANTI C/D4/5

Chianti bezeichnet nicht nur einen Wein, sondern auch das Gebiet, in dem er gekeltert wird. Innerhalb dieser landwirtschaftlich intensiv genutzten Gegend zwischen Siena und Florenz – mit Wäldern, romantischen Orten mit historischen Bauten sowie zahlreichen Burgen – befinden sich acht Anbauzonen, die mit dem italienischen Gütesiegel für Wein, DOCG, ausgezeichnet wurden. In gewisser Weise ist das Chianti das Herz der Idee von der perfekten Toskana: sanfte Weinhügel, dichte Wälder und Ortskerne, die seit dem Mittelalter und der Renaissance nicht mehr verändert wurden. Die aufgeräumte Toskana, mit malerischen Orten wie **Castellina in Chianti, Greve, Radda,** existiert so erst seit einigen Jahrzehnten. In den 1950er-Jahren, nach der Abschaffung des bis dato existierenden Pachtsystems der *mezzadria*, kam es zu einer starken Landflucht. Seit den 1970er-Jahren kaufen vor allem ausländische und norditalienische Unternehmer sowie Privatleute Gehöfte und Anbauflächen auf und renovieren alte Gemäuer.

Die einzelnen Dörfer und Kleinstädte bieten keine große Kunst, dafür aber ausgezeichnet erhaltene und bildschöne

Die Antica Macelleria Falorni ist ein Muss für all jene, die toskanische Fleischspezialitäten lieben. Kenner pilgern dafür sogar aus Florenz nach Greve in Chianti.

Ortskerne mit alter Bausubstanz und eine Vielzahl wirklich guter Trattorien, Restaurants und Weingüter. Im Chianti sollte man sich treiben lassen, ob per pedes, mit dem Fahrrad oder mit dem Wagen – und immer wieder Weine probieren. Schauen Sie einfach direkt bei den Winzern vorbei und fragen sie nach ihren besten Tropfen. Fast immer folgt prompt eine Verkostung ohne Kaufzwang. Das Chianti ist auch ein gastronomisches Paradies voller empfehlenswerter Restaurants, wie etwa der berühmten Osteria di Passignano in Tavernelle Val di Pesa mit einer tollen Weinliste und klassischen Gerichten (Località Badia a Passignano, Via Passignano, 33, Tel. 05 58 07 12 78, www.osteriadipassinano.com, €/€€).

Essen und Trinken

Traditionelle Leckereien
ANTICA MACELLERIA FALORNI D4

1806 wurde diese inzwischen berühmte Metzgerei gegründet. Fleisch- und Wurstspezialitäten nach Familienrezepten auf 220 m²: Wildschwein, Schweinebauch, viele Salamis … Im Ladenbistro kann das alles mit einem Glas Wein verkostet werden. Es gibt jedoch auch Nudelgerichte.
Greve in Chianti | Piazza Giacomo Matteotti, 66 | Tel. 0 55 85 30 29 | www.falorni.it | €

Über eine eindrucksvolle Hochhaus-Skyline verfügt San Gimignano schon seit dem 13. Jahrhundert. Von den einst 70 Türmen haben sich 15 bis heute erhalten.

MERIAN TOP 10

SAN GIMIGNANO C4

7800 Einwohner

Im Mittelalter besaß diese einstmals stolze Kleinstadt rund 70 **Familientürme.** Die noch verbliebenen sind aber so eindrucksvoll, dass der Spitzname »Manhattan des Mittelalters« immer noch zutrifft. Am besten zu sehen sind die Türme von etwas außerhalb, auf einem der umliegenden Hügel. Der komplett erhaltene mittelalterliche Stadtkern mit dem Hauptplatz **Piazza della Cisterna** ist umstellt von Palazzi und Wohnhäusern sowie der prächtigen **Basilica di Santa Maria Assunta** (12.–16. Jh.) mit erstaunlich gut erhaltenen großflächigen Renaissancefresken von Domenico Ghirlandaio und Gozzoli.

Neben einer Turmbesteigung – die Aussicht auf San Gimignano ist atemberaubend – sollte man in **San Agostino** den farbenprächtigen Freskenzyklus von Benozzo Gozzoli anschauen. Das **Museo Civico** bietet eine kleine, aber sehr feine Gemäldesammlung mit Werken u. a. von Lippi, Pinturicchio und Gozzoli (Piazza del Duomo, 2, Tel. 05 77 28 63 00, April–Sept. 9.30–19, Okt. 9.30–17.30, Nov., Dez., Feb. 11–17.30, Jan. 12.30–17.30, März 10–17.30 Uhr, Eintritt 6 €). Im Sommer ist San Gimignano stark besucht. Am schönsten ist die Altstadt deshalb im weniger touristischen frühen Frühling und späten Herbst.

Übernachten

Stimmungsvoll
LA CISTERNA

Schlafen in einem Palazzo aus dem 13. und 14. Jh. am schönsten Platz von San Gimignano mit Blick auf die zauberhafte Piazza Cisterna. Gefrühstückt wird auf einer Panoramaveranda. Besonders zu empfehlen sind die Zimmer mit Blick aufs grüne Umland! Herrlich ist es, vor dem Hotel in einem der Cafés den Tag mit einem Aperitif ausklingen zu lassen.

Piazza Cisterna, 23 | Tel. 05 77 94 03 28 | www.hotelcisterna.it | 19 Zimmer | €/€€

Einkaufen

Eine der ersten Adressen für ausgefallene Kleidung
LUCIA BONI

Mitten in San Gimignano verführt Modedesignerin Lucia Boni in ihrem *laboratorio* mit Jacken und Mänteln aus Mohair- und Alpakawolle, aus Leder, Seide und von Hand bemalten Stoffen, die wie Wandteppiche wirken. Regisseur Franco Zeffirelli bestellte einst bei Lucia »Teppiche zum Anziehen« für seinen »Hamlet« mit Mel Gibson.

Via San Giovanni, 84 | Tel. 05 77 94 21 12 | www.luciaboni.com

MERIAN EMPFEHLUNG

VOLTERRA C5

10 500 Einwohner

Mittelalterliche Paläste und Kirchen erheben sich heute auf dem einst etruskischen Stadtkern, während prächtige Bauten die uralte **Piazza dei Priori** umstehen. Zu besichtigen sind der massige Palazzo dei Priori (13. Jh.), der romanische **Dom** mit schönen Fresken aus dem 12.–16. Jh. und die erstaunlicherweise nur wenig besuchte, aber sehr feine **Pinacoteca** mit Meisterwerken von Ghirlandaio, Rosso Fiorentino und Luca Signorelli (tgl. 9–19 Uhr, Sammelkarte 9 €). Das **Museo etrusco Guarnacci** ist eine der wichtigsten italienischen Sammlungen mit Funden aus der Zeit der Etrusker (1. Mo nach dem 2. So im März–4. Nov. 9–19, 5. Nov.–2. So im März 10–16.30 Uhr, Eintritt 14 €). 2 km nordwestlich von Volterra lohnen die *balze*, spektakuläre Erdpyramiden, einen Abstecher.

Toskanische Geschlechtertürme waren die ersten Wolkenkratzer Europas

Frankfurt und **San Gimignano** haben eines gemein. Wer sich zum ersten Mal beiden Städten nähert, wird staunen: Ein hohes Gebäude reiht sich an das andere. Während Frankfurt bis ins 20. Jahrhundert warten musste, um einen Wolkenkratzer zu bekommen, besaßen die Bürger von San Gimignano sie schon im Mittelalter. In Frankfurt baut man Hochhäuser aus Platzgründen und der Rendite wegen immer höher. In San Gimignano wurden vor allem Macht und Einflussreichtum lokaler Familien durch immer höhere Gebäude zur Schau gestellt.

Die Toskaner wollten immer schon hoch hinaus. Zwischen 1420 und 1436 errichtete Brunelleschi die rund 55 Meter hohe Kuppel des Doms in Florenz. Sie galt lange als größte Kuppel seit der Antike. Nur die von Michelangelo im späten 16. Jahrhundert fertiggestellte Kuppel des Petersdoms ist höher.

Im 13. und 14. Jahrhundert wirkte San Gimignano wie ein mittelalterliches Manhattan. Ein Turm stand neben dem anderen, es gab rund 70 dieser Bauwerke. Sie repräsentierten die wichtigsten Familien des Territoriums. Nur noch 15 dieser Skyscraper existieren heute. Einige können erklommen werden und bieten umwerfende Blicke auf das fast komplett erhalten gebliebene mittelalterliche Zentrum des Ortes. Doch diese **Geschlechtertürme** genannten Hochhäuser waren nicht auf San Gimignano beschränkt. Dieser architektonische Typus findet sich auch an anderen Orten. Die Bauweise entstand im Mittelalter in Italien, vor allem in der Toskana. Denn in dieser Region existierten schon früh politisch und wirtschaftlich unabhängige Kommunen, in denen nicht Könige und Fürsten, sondern einflussreiche Bürger den Ton angaben. Reiche Familien konkurrierten untereinander und kämpften um die Macht in diesen Stadtstaaten. Zu diesem Zweck errichteten sie Hochhäuser, Türme ihrer Geschlechter, um Macht und Einfluss zu zeigen. Um zu protzen also.

Wohn- und Wehrtürme existierten in früherer Zeit nicht nur in San Gimignano – wie diese Stadtansicht von Siena aus dem späten 16. Jahrhundert beweist.

In **Florenz** standen im Mittelalter rund 200 Geschlechtertürme. 1250 erlaubte die Stadtverwaltung nur noch Türme mit einer Höhe bis zu 27,5 Metern, denn nicht selten stürzten die Hochhäuser ein, weil ihre Erbauer zu hoch hinaus wollten und dabei auf statische Vorgaben verzichteten. Etwa 40 Stümpfe solcher Türme finden sich heute noch in Florenz. Nicht nur bei Umgestaltungsarbeiten, etwa als Florenz Mitte des 19. Jahrhunderts für einige Jahre Hauptstadt des geeinten Italiens wurde, riss man Geschlechtertürme ein. Auch im letzten Weltkrieg fielen einige von ihnen Bombenangriffen zum Opfer.

In **Lucca** standen ganze 250 Geschlechtertürme. Nur noch ein einziger, die eindrucksvolle und mit einem Baum bestandene **Torre Giunigi,** erhebt sich über dem Dächermeer der Altstadt und kann bestiegen werden: tolle Aussicht garantiert. In Siena stehen noch 15 Hochhäuser des Mittelalters, in Volterra sechs und in Pisa drei. Dass so viele von ihnen noch heute in italienischen Altstädten besichtigt werden können, liegt vor allem an dem wirtschaftlichen Niedergang, den zahlreiche Städte der Toskana seit dem 18. Jahrhundert durchmachten. Es fehlte schlicht an Finanzmitteln, um historischen Stadtkerne zu modernisieren und umzubauen. Eine Realität, der der Toskanabesucher die einmalig gut erhaltenen *centri storici* verdankt.

Der Dom von Massa Marittima ist ein Meisterwerk der romanischen Architektur. Italiens mittelalterliche Baukunst stand immer in der Tradition der Antike.

MASSA MARITTIMA C6

8400 Einwohner

Kleine, mittelalterliche Ortschaft mit einem wunderbaren romanisch-gotischen **Dom** mit der für die Pisaner Architektur typischen Rundbogenfassade. Der Innenraum bietet Steinmetzarbeiten des 13. und 14. Jh. Im nahe gelegenen **Museo Archeologico** werden etruskische Kunstwerke ausgestellt, die aus der Zeit der Gründung von Massa Marittima stammen. Die **Piazza Garibaldi** mit ihren Palästen des 13. bis 16. Jh. ist das Zentrum, an dem sich abends die Einheimischen treffen. Ideal, um Leute kennenzulernen – vor allem, wenn man sich mit einem Glas Wein auf die Stufen der Domtreppe setzt.

Essen und Trinken

Direkt über dem Meer
IL BUCANIERE

Ein wirklich empfehlenswertes Restaurant-Loft mit Glaswänden und einer Terrasse zum Essen im Freien. Spannender Mix zwischen Meeres- und Festlandküche. Chef Fulvietto Pierangelini besitzt auch eine Schweinezucht, die Wurstwaren sind vorzüglich. San Vincenzo | Viale Marconi | mobil 33 58 00 16 95 | www.ristoranteilbucaniere.com | €/€€

Überraschend betörend!
BRACALI

Francesco Bracali ist unbestritten einer der ungewöhnlichsten Chefs der Toskana. In seinem eleganten Restaurant bietet er eine traditionell-kreative Küche. Im Zentrum stehen Gerichte, die die Dialektik zwischen süß-sauer, pflanzlich-tierisch und weich-knusprig thematisieren. Eine tolle Adresse für Feinschmecker.
Ghirlanda | Via di Perolla, 2 | Tel. 05 66 90 23 18 | www.mondo bracali.it | €€€

ABBAZIA DI SAN GALGANO C6

Italien ist eigentlich kein Land der Kirchenruinen wie England. Umso erstaunter ist der Besucher, wenn er diese im 13. Jh. errichtete und im 15. Jh. zerstörte Abtei besichtigt – einer der faszinierendsten Orte der Toskana. Vor allem frühmorgens oder am späten Nachmittag, wenn man die Ruine für sich allein hat. Tagsüber kann es hier recht voll werden.

Die Umgebung bietet schöne Wanderwege. In der Nähe liegt das **Eremo di Montesiepi** ein kreisrunder romanischer Kirchenbau mit Fresken von Ambrogio Lorenzetti. Kurios: ein Eisenschwert, das in einem Felsen steckt. Der frommen Legende zufolge stieß der Kreuzritter Galgano Guidotti das Schwert in den Stein, um dem Kriegshandwerk abzuschwören und Eremit zu werden. Jahrhundertelang wurde versucht, das Schwert aus dem Stein zu ziehen – erfolglos. Eine metallurgische Untersuchung ergab, dass die Waffe aus dem 12. Jh. stammt.
Chiusdino | www.sangalgano.info

IM VORBEIGEHEN ENTDECKT

CAPPELLA DI MONTESIEPI

Die Klosterruine von San Galgano ist immer stark besucht. Zeit bleibt fast nie für die Cappella di Montesiepi, dabei ist sie ein für die ganze Toskana ungewöhnliches und seltsames Bauwerk. Die Kapelle besitzt eine ziemlich große Kuppel aus zweifarbigen konzentrischen Ringen im sogenannten etruskisch-sardischen Stil. Der visuelle Effekt auf den Betrachter ist bezaubernd.

Pienza sollte die Idealstadt der Renaissance werde. So wollte es Papst Pius II.
Realisiert wurde nur die Piazza Pio II mit dem Dom und dem Palazzo Piccolomini.

PIENZA E6

2150 Einwohner

Ein gewisser **Enea Silvio Piccolomini** machte diesen Zwergort berühmt. Als der humanistische Gelehrte als Pius II. 1458 Papst wurde, entschloss er sich, seinen Heimatort, wo er 1405 geboren worden war, komplett neu zu gestalten. Pius II. entschied sich für ein städtebauliches Großprojekt von nie gekanntem Ausmaß. Seine neue Stadt sollte zum Sinnbild der Renaissance werden: weg von den verwinkelten mittelalterlichen Gassen und hin zu einem durchdachten rationalen Straßennetz, so wie man es aus der Zeit der alten Römer kannte.

Doch dann verstarb der Papst vollkommen überraschend im Jahr 1464. Sein Chefarchitekt **Bernardo Rosselino** wurde somit arbeitslos, denn der neue Pontifex Paul II. zeigte keinerlei Interesse mehr an den städtebaulichen Träumen seines Vorgängers. Doch auch das wenige, was nach den Vorstellungen von Pius II. umgesetzt wurde, fasziniert bis heute.

Die Lage Pienzas eröffnet herrliche Aussichtspunkte ins Val d'Orcia. Besuchen Sie zum Sonnenuntergang den Belvedere-Fußgängerweg, der sich an der Stadtmauer entlangzieht, zu erreichen linker Hand der Fassade der Kathedrale. Der Blick in die Landschaft des Val d'Orcia ist unvergesslich!

Sehenswertes

CATTEDRALE SANTA MARIA ASSUNTA

Errichtet in den Jahren 1459 bis 1462 nach einem Entwurf Rosselinos als dreischiffige Hallenkirche nach den strengen und an der römischen Antike ausgerichteten Renaissanceprinzipien. Beim Bau ging man statisch nicht vorsichtig genug vor: Der Chor neigt sich zum Abhang des Hügels. Die Hallenkirche besitzt eine herrliche »Assunta« des Malers Vecchietta (15. Jh.).

Piazza Pio II | www.pienza.org/duomo_it.html | tgl. 8.30–13, 14.30–19 Uhr

PALAZZO PICCOLOMINI

Den eleganten Palast der Familie des umtriebigen Papstes Pius II. errichtete Bernardo Rosselino zur Rechten der Kathedrale. Rigorose Bauformen der Renaissance verleihen diesem großen Gebäude eine kühle Eleganz, und die Säle im ersten Stockwerk vermitteln einen faszinierenden Eindruck von einer Privatwohnung des 15. Jh. Von der Loggia aus genießt man eine atemberaubende Aussicht auf die Stadt.

Piazza Pio II | Tel. 05 77 28 63 00 | www.palazzopiccolominipienza.it | Mi–Mo 19–18.30 Uhr | Eintritt 7 €

PALAZZO VESCOVILE UND MUSEO DIOCESANO

Es war Papst Alexander VI., der diesen Bischofspalast, der an römische Vorbilder erinnert, erbauen ließ. Im Palazzo befindet sich das kleine, aber gut sortierte **Diözesanmuseum,** das eine eher wenig besuchte Museumsperle für Kunst-Feinschmecker darstellt. Ein beeindruckendes Exponat ist der Prachtmantel, ein sogenanntes Pluviale, von Papst Pius II.

Corso Il Rossellino, 30 | www.palazzoborgia.it | Tel. 05 78 74 99 05 | Mi–Mo 10.30–18.30 Uhr | Eintritt 4,50 €

PIAZZA PIO II

Baumeister Bernardo Rossellino beseitigte für diesen harmonisch, perspektivisch spannend und elegant wirkenden Platz an der höchsten Stelle des Hügels, auf dem sich Pienza erhebt, das mittelalterliche Zentrum der Ortschaft. Hier stehen die wichtigsten Gebäude von Pienza. Die Piazza ist heute der zentrale Treffpunkt der Bürger von Pienza.

PIEVE DI SAN VITO

Die alte Pfarrkirche von Corsignano ist über eine herrliche Panoramastraße zu erreichen. Der romanische Bau aus dem 11. Jh., ohne spätere Verschnörkelungen, liegt mitten im Grünen. Beachten Sie im Inneren an den stämmigen Säulen die spartanischen Verzierungen und die Frauengestalt einer Karyatide am Fassenfenster! Dabei handelt es sich um ein eindeutig heidnisches und auf die griechische Antike zurückgehendes Dekorationselement. Eigentümlich für eine romanische Kirche!
1 km vom westl. Stadttor

ROMITORIO DI PIENZA

Außerhalb Pienzas befindet sich dieses eigenartige und doch sehr reizvolle Bauwerk aus dem 14. Jh. Es handelt sich um in den weichen Tuffstein gehauene Kapellen einer Einsiedelei, die wahrscheinlich etruskischen Ursprungs ist. Beachten Sie hier die in den Tuffstein geschlagenen, primitiv anmutenden Reliefs mit Dekorationselementen, die an etruskische Gräber erinnern.
Via S. Caterina | Besichtigung auf Anfrage | Tel. 05 78 74 80 83, mobil 33 87 40 92 45 | www.poderesangregorio.it

Übernachten

Mit Traumblick
LA FOCE E6

Die prächtige Barockresidenz La Foce mit Panoramapark lockt in der hügeligen und beinahe verkehrsfreien Landschaft des Val d'Orcia mit luxuriös restaurierten ehemaligen kleinen und mittelgroßen Bauernhäusern, die angemietet werden können. Einige bieten einen umwerfenden

Die Gärten des Landguts La Foce bei Chianciano Terme wirken auf den ersten Blick uralt, doch sie wurden sie erst Mitte des 20. Jahrhunderts angelegt.

Blick ins Tal und verfügen über private Pools mit Garten – wirklich reizvoll! Die Eigentümer der Ferienhäuser, Mitglieder der Familie Origo, veranstalten im Sommer ein Festival mit klassischer Musik: vor den Konzerten mit Büfett und Prosecco im Park. Chianciano Terme | Strada della Vittoria, 61 | Tel. 0 57 86 91 01 | www.lafoce.com | 10 Ferienhäuser, reizvoll auch das B & B | €€/€€€€

Schlafen im Kloster
RELAIS IL CHIOSTRO DI PIENZA

Vier-Sterne-Komfort im einstigen Kloster (15. Jh.) im Herzen von Pienza, mit Pool und toller Panoramaterrasse. Besonders schön: die Zimmer mit Blick ins Val d'Orcia! Im Restaurant La Terrazza del Chiostro serviert man toskanische Klassiker. Die perfekte Adresse mitten in Pienza! Corso Il Rossellino, 26 | Tel. 05 78 74 81 29 | www.anghelhotels.it | 37 Zimmer | €/€€

Feiner Luxus
PODERE TRAFONTI

Nur einige wenige minimalistisch eingerichtete Gästezimmer und einen Bungalow mit Panoramablick bietet hier ein Schweizer Ehepaar. Das biologische Gut punktet mit viel Stille und Intimität, einem Pool, Yoga-Stunden auf Anfrage, und die Küche ist vom Frühstück bis zum Mittag- und Abendessen auf Bestellung ein Gstro-Traum. SP15 Torrita di Siena | Tel. 39 27 63 74 78 | www.poderetrafonti.com | 5 Zimmer | €€€

Essen und Trinken

Feinschmeckertempel
IL BRUNELLO

Das Burghotel Castello di Velona liegt einsam im Grünen, erhebt sich auf einem Felsen über der Landschaft und bietet eine tolle Aussicht über das Val d'Orcia. Zum Haus gehört ein ausgezeichnetes Restaurant, in dem Chef Riccardo Bacciottini, einer der interessanten Nachwuchsköche Italiens, eine landestypische kreative Küche aufbietet.

Località La Velona | Castel Nuovo dell'Abate (Montalcino) | Tel. 0577 835553 | www.castellodivelona.it | €€/€€€

Tradition großgeschrieben
LA PORTA

Mitten im zauberhaften Montichiello gelegene Trattoria, immer noch ein Insidertipp, in der Daria Cappelli das gastronomische Erbe der Toskana meisterhaft am Leben erhält. Leckere Wildschweinrezepte, Nudelgerichte und toskanische Spezialitäten wie Schweinebacke. Gute Weinliste.

Montichiello (10 km südöstl. von Pienza) | Via del Piano, 1 | Tel. 057875 5163 | www.osteria laporta.it | Do geschl. | €

Bei Mamma
TRATTORIA DA FIORELLA

Mutter Fiorella und Schwägerin Paola kochen so wie daheim: Alles ist authentisch, es schmeckt, und man fühlt sich richtig wohl! Handgemachte Nudeln, saisonal angepasste Gerichte, gute Landweine.

Via Condotti, 11 | Tel. 057874 9095 | www.trattoriadafiorella.it | Mi geschl. | €

Mittendrin
TRATTORIA LATTE DI LUNA

Einfaches Lokal mit einem wirklich sehr guten Preis-Leistungs-Verhältnis. Ideal für ein schnelles Mittagessen. Bei gutem Wetter sitzt man unter Sonnenschirmen auf einem kleinen Platz direkt beim Corso Rosselino. Lecker: geröstetes Gänsefleisch mit Oliven und als Dessert Kastanieneis.

Via San Carlo, 2 | Tel. 057874 8606 | Di geschl. | €

Einkaufen

Feine Delikatessen
IL CACIO DI ERNELLO

Der Pecorino-Schafskäse aus Pienza ist in ganz Italien berühmt. Dies ist einer der besten Delikatessenläden der gesamten Toskana. Degustation ist natürlich auch angesagt!

Via Enzo Mangiavacchi, 37 | Tel. 05 77 66 53 21 | www.degusta zioni.net

Wurst und Käse
DA MARUSCO E MARIA

Dieses wirklich gut bestückte Delikatessengeschäft wartet mit Wurst- und Käsespezialitäten aus dem Umland von Pienza und der übrigen Toskana auf. Gutes Angebot an Pasta-Soßen und Weinen.

Corso Il Rossellino, 19 | Tel. 05 78 74 82 22

Alles rund um den Käse
FIERA DEL CACIO

Diese toskanische Käsemesse findet jeweils Anfang September in Pienza statt und ist vor allem dem würzigen Käse Cacio pecorino gewidmet. Und nach den Zauberworten »Posso provare« werden Sie zum Verkosten eingeladen.

www.prolocopienza.it | 1. Sa und So im Sept.

Gesundes vom Markt
MERCATO BIOLOGICO

Hier werden ausschließlich biologisch und ökologisch angebaute Lebensmittel aus der Toskana feilgeboten: Weine, Käse, Honig, Brote etc. Sehr reizvoll, wenn man in einem der zahlreichen Ferienhäuser in der Umgebung wohnt und vielleicht sogar mit einem Rad zum Markt nach Pienza fahren kann …

Piazza Galletti | www.comune. pienza.siena.it | 1. So des Monats, 9–19 Uhr

---

MERIAN EMPFEHLUNG

MONTEPULCIANO E6

14 100 Einwohner

Der Vino Nobile di Montepulciano ist ein bekannter Rotwein. Im Umland dieses sehenswerten Städtchens wird er angebaut (Infos: Consorzio del vino Nobile di Montepulciano, www.con sorziovinonobile.it). An der Via di Gracciano nel Corso zeugen stattliche Patrizierpaläste von einer glorreichen Vergangenheit. Sehenswert ist die Piazza Grande mit ihren Palazzi. Das **Museo Civico** (Via Ricci, 10, Tel. 05 78 71 73 00, www.museocivico montepulciano.it, Di–So 10–13, 15–18 Uhr) zeigt Renaissance-

In der Abbazia di Monte Oliveto Maggiore. Das Kloster wird vor allem wegen seiner wertvollen Renaissance- und Barock-Wandmalereien besucht.

kunst. Der deutsche Komponist Hans Werner Henze (1926–2012) schuf in Montepulciano das Musikfestival »Cantiere dell' Arte« (www.fondazionecantiere.it). Das Festival leidet zwar erheblich unter den Sparmaßnahmen der Lokalpolitiker, doch es werden immer wieder interessante Veranstaltungen geboten.

Sehenswertes

MADONNA DI SAN BIAGIO

Antonio da Sangallo der Ältere errichtete 1518 bis 1540 diese Kirche in Form eines griechischen Kreuzes. Der hochelegante, eindrucksvolle Travertinbau gilt aufgrund seiner harmonischen Formen und der architektonischen Elemente – Quadrat, Rechteck, Halbkreis (die Kuppel) – als perfekte Umsetzung jener Bauprinzipien der Renaissance, die sich an der römischen Antike orientierten. Der Umstand, dass sich das Gotteshaus unterhalb der Stadtmauern im Grünen erhebt, unterstreicht die anregende Dialektik zwischen Natur und Kunstwerk. Achtung: die Öffnungszeiten können variieren!

Via di San Biagio, 14 | Tel. 05 78 75 72 90

ABBAZIA DI MONTE OLIVETO MAGGIORE D6

Eine grandiose Klosteranlage des Benediktinerordens, gegründet im Jahr 1313 und umgeben von einem Wald aus schlanken Zypressen. Besucher erwarten beeindruckenden Fresken zum Leben des hl. Benedikt von Luca Signorelli (spätes 15. Jh.) und Sodoma (frühes 16. Jh.). Eine Übernachtung im klostereigenen Agriturismo (einfach, aber ordentlich) ist möglich.

Asciano | Tel. 05 77 70 76 11 | www.monteolivetomaggiore.it | tgl. 9.15–12, 15.15–17, Winter 9–12, 15–18 Uhr, So ab 12.30 Uhr geschl. | Eintritt frei

SAN QUIRICO D'ORCIA E6

2700 Einwohner

Ein sehr reizvolles uraltes Dorf zwischen Montepulciano und Montalcino. Sehenswert ist die **Collegiata.** Die romanische Kirche aus dem 12. Jh. verfügt über zwei herrliche skulpturengeschmückte Portale. Sehenswert im Innenraum sind das hölzerne Chorgestühl von 1502 sowie ein Triptychon der Mutter Gottes mit dem Kind und Heiligen von Sano di Pietro.

BAGNO VIGNONI E6

Hier kurten schon die hl. Katharina von Siena, natürlich auch im Wasser mit einem Nonnenkleid bedeckt, sowie Medici-Fürst Lorenzo der Prächtige. Er soll, so berichten Legenden, splitternackt ins Wasser gestiegen sein. Seit der Römerzeit bekannt, hat diese Thermenanlage mit dem großen antiken Becken bis heute ein ganz besonderes Flair. Vor allem an Tagen mit Regen und Nebel, wenn sich hier nur sehr wenige Besucher aufhalten und der Ort ungemein magisch wirkt. Wer lieber in modernen Einrichtungen baden will, wie etwa den schicken Adler-Spa-Resort-Thermen unter deutschsprachiger Führung (www.adler-resorts.com), dem stehen Kurhotels ganz in der Nähe zur Verfügung.

Den Vorfahren der Römer auf der Spur

Murlo ist eine kleine Ortschaft. Keine 2500 Seelen leben hier auf einem Hügel in der Provinz Siena. Ein verschlafen wirkender Ort, wohl im 6. Jahrhundert v. Chr. von den Etruskern gegründet. Nach Murlo verirren sich nur selten Touristen. Doch bei Genforschern, Historikern und Altphilologen ist Murlo ziemlich bekannt. Vor Jahren kam der Turiner Genforscher Alberto Piazza hierher. Er war auf der Suche nach den Ursprüngen der Etrusker, die vor den Römern in Mittelitalien lebten. Warum ausgerechnet Murlo? Weil dort die Menschen Jahrhunderte lang relativ isoliert lebten und nur untereinander heirateten. Die DNA der Bewohner, so Piazzas Arbeitshypothese, blieb höchstwahrscheinlich ziemlich unverändert – seit Urzeiten.

> Interessant ist die auch Religion der Etrusker. Einerseits war sie griechisch beeinflusst und lehnte sich an den Olymp und seine Götter an. Andererseits war sie eine orientalisch geprägte Offenbarungsreligion.

Jahrzehntelang wurde darüber spekuliert, woher die Etrusker eigentlich kamen. Aus dem Baskenland hieß es zunächst, dann aus Albanien oder sogar aus den Steppen Asiens. Historiker tappten lange Zeit im Dunkeln, bis Alberto Piazza seine Genanalyse vorlegte. In der DNA der Bewohner von Murlo entdeckte das Team von Professor Piazza eine enge Verwandtschaft mit dem Erbgut kleinasiatischer Völker.

Das bestätigt, was bereits der griechische Geschichtsschreiber **Herodot** im fünften vorchristlichen Jahrhundert behauptete: Die Etrusker seien aufgrund einer Hungerkatastrophe aus Lydien, einem Gebiet an der Mittelmeerküste der Türkei, nach Italien ausgewandert. Damit scheint bewiesen, dass im kleinen Murlo Nachfahren dieses hoch entwickelten Volkes leben, das Dutzende von Städten in der Toskana gründete, die später von den Römern übernommen wurden. Auch wenn es Wissenschaftler gibt, die Piazza widersprechen, verteidigt der Turiner Genforscher vehement seine Forschungsergebnisse.

Die Etrusker waren wie die Römer, die auf sie folgten, begnadete Straßenbauer. Bisweilen zerteilten sie sogar Hügel, um ihre Wege gerade verlaufen zu lassen.

Immer dann, wenn Toskanareisende eine Ortschaft besuchen, die auf einem Hügel liegt, der an einigen Stellen wie ein Schweizer Käse mit Höhleneingängen durchlöchert ist, können sie sicher sein, dass hier einst Etrusker lebten. Wie beispielsweise im südtoskanischen **Sorano,** wo die Einheimischen diese Feldlöcher *colombari*, Taubenschläge, nennen. Wahrscheinlich, sicher sind sich die Experten immer noch nicht, handelte es sich bei diesen Höhlen um Grabstätten – die seit dem Mittelalter als Ställe und, weil dort die Temperatur ziemlich gleichbleibend ist, als Weinkeller genutzt werden.

In vielen Ortschaften der Toskana bauten die Römer direkt auf den Ruinen und Gebäuden der vormaligen etruskischen Bewohner. An so mancher Stadtmauer kann man das noch gut erkennen: Nur die Etrusker nutzten zum Mauerbau monumentale Gesteinsbrocken. Wie sie diese hierhertransportierten, ist immer noch ein Rätsel. Unklar wie so manches im Fall der Etrusker ist auch die Bedeutung der *vie cave*. Das sind von diesem rätselhaften Volk in den weichen Tuffstein gehauene Hohlwege – vor allem in der Südtoskana. Im geografischen Dreieck zwischen den Städten Sorano, Pitigliano und Sovana finden sich gleich mehrere Etruskerwege. Diese Hohlwege können bis zu 20 Meter tief sein und sind fast immer eineinhalb Meter breit. Heute erstrecken sie sich wie vergessen von der modernen Zivilisation in einer bukolischen Landschaft mitten in der Natur.

Der Abbazia di Sant'Antimo sollte man sich am besten zu Fuß nähern. Nur so erfasst man den ganzen Zauber dieser Abtei in der Umgebung von Montalcino.

MONTALCINO D6

5100 Einwohner

Der Brunello di Montalcino, einer der besten Weine Italiens, hat hier seine Heimat. Rund um diesen schönen alten Ort werden Reben angebaut und können im Städtchen sowie bei zahlreichen Winzern auf Anfrage verkostet werden. Beim **Consorzio del Vino Brunello di Montalcino** (Piazza Cavour, 8, www.consorziobrunellomontalcino.it, Tel. 05 77 84 82 46, www.consorziobrunellodimontalcino.it) erhält man interessante Informationen zum Wein der Region und seinem Anbau. Das Consorzio vermittelt Interessierten auch Kontakte zu bestimmten Winzern sowie reizvolle Besuche auf deren Gütern.

Sehenswertes

 MERIAN TOP 10

ABBAZIA DI SANT'ANTIMO

Zweifellos einer der stimmungsvollsten Orte der Toskana! Von der im 8. Jh. von Karl dem Großen gegründeten Abtei, so besagt es eine fromme Legende, ist nur noch die romanische Benediktinerkirche aus dem 12. Jh. erhalten. Umgeben von

Zypressen erhebt sie sich einsam in der Landschaft. Für die teilweise figurenreichen Säulenkapitelle, einige aus hellem Onyxmarmor gefertigt, sollte man ein Fernglas bei sich haben. Nur so kann man die erstaunliche Fantasiewelt aus realen Figuren und Fabelwesen, die typisch für das Mittelalter ist, in voller Pracht genießen. Tipp: Je später Sie hierherkommen, umso weniger andere Besucher werden Sie antreffen.

Località Sant'Antimo | Castelnuovo dell'Abata (10 km. südl. von Montalcino) | Tel. 07 56 78 97 54 | www.antimo.it | tgl. 7–19 Uhr

Übernachten

Ländliche Eleganz
ROSEWOOD CASTIGLION DEL BOSCO

Traumhaft gelegene Villen mit eigenem Swimmingpool, Suiten und 2000 ha Toskana pur. Das neu eröffnete Resort bietet höchsten Komfort und ein ausgezeichnetes Restaurant mit klassischen toskanischen Spezialitäten. Dazu gesellt sich ein eigener Golfplatz – und fertig ist der Traum von den nahezu perfekten Ferien mitten im Val d'Orcia.

Castiglion del Bosco | Tel. 0 57 71 91 30 01 | www.rosewoodhotels. com | 23 Suiten, 10 Villen | €€€€

MERIAN EMPFEHLUNG

11

GIARDINO DI DANIEL SPOERRI D7

Der Schweizer Installationskünstler ließ sich nicht weit vom Val d'Orcia nieder und bat befreundete Künstler, darunter Stars wie Erwin Wurm und Eva Aeppli, für sein riesiges Grundstück Plastiken zu entwerfen und aufzustellen. Auf einem Spaziergang kann dieser eindrucksvolle Skulpturenpark erkundet werden. Der Ort ist nicht leicht zu finden, aber in der ganzen Umgebung kennen alle Spoerri und seinen Garten – deshalb also nachfragen. Besonders schön ist es außerhalb des gleißenden Sonnenlichts der Mittagszeit.

Strada Provinciale Pescina | Tel. 05 64 95 00 26 | www.danielspoerri.org | Di–So 10.30–17.30 Uhr

LAGUNA DI ORBETELLO/ MONTE ARGENTARIO C/D8

Über eine Landzunge mit dem Naturschutzpark der Lagune von Orbetello, wo Pinien sehr idyllisch bis dicht an den Strand wachsen, erreicht man bequem mit dem Pkw die Halbinsel Monte Argentario. Eine 26 km lange Panoramastraße, eine der schönsten der ganzen Toskana, führt in luftiger Höhe rund um die felsige Halbinsel. Pittoresk sind die Hafenorte **Porto Santo Stefano** und **Porto Ercole.** Bei gutem Wetter ist der Blick vom 635 m hohen **Monte Telegrafo** auf die Küste und die Inseln des toskanischen Archipels faszinierend.

Essen und Trinken

Fisch direkt am Ufer
I PESCATORI

Nach einem Tag Wandern oder Baden in der Lagune von Orbetello bietet es sich hier an, fangfrische Fischspezialitäten zu verkosten. Ein einfaches, lebhaftes Lokal, das von Fischern betrieben wird.

Orbetello | Via G. Leopardi, 9 | Tel. 05 64 86 06 11 | www.ristorante ipescatori.it | €

Fangfrischer Fisch
TRATTORIA DEL PESCE POVERO

Nicht weit vom mondänen Hafenort Porto Santo Stefano lockt dieses unscheinbare, aber unter Italienern als Insidertipp gehandelte Lokal, das sich einen Namen für seine exzellenten Fisch- und Meerestiergerichte gemacht hat.

Orbetello | Località Giannella | Tel. 0 55 64 87 13 00 | €

Umwerfend in jeder Hinsicht
IL PELLICANO

Hier stimmt einfach alles. Dieses Restaurant im Argentario bietet Natur, Eleganz und fantastische Gerichte. Sommers isst man unterm Sternenhimmel mit Blick auf das Meer. Chef Antonello Guida zaubert kreative Köstlichkeiten wie einen unvergesslichen gerösteten Hummer in Marsalawein mit Couscous aus Nussöl. Feinschmecker werden begeistert sein.

Porto Ercole | Località Sbarcatello | Tel. 05 64 85 81 11 | www.ilpellicano restaurant.com | nur abends | €€€

Viel zu schön, um nur zu baden oder am Strand zu liegen: die Landschaft rund um Porto Ercole mit ihren Festungsanlagen aus dem 16. Jahrhundert.

GIARDINO DEI TAROCCHI D8

Die französische Künstlerin Niki de Saint Phalle wurde mit ihren »Nanas«, den korpulenten bunten Frauenfiguren, weltberühmt. Auf einem mehrere Hektar großen Grundstück in der Nähe des bei Italiens Linksintellektuellen beliebten und schicken Urlaubsorts **Capalbio** erfüllte sie sich einen Traum: einen Park mit 22 großen und teils bis zu 15 m hohen Skulpturen, die die Figuren der Tarot-Karten darstellen. Der fantastische Kunstpark ist ein riesiges Freiluftmuseum und kommt auch bei Kindern richtig gut an. Im größten dieser Standbilder, das eine beleibte und nackte Frau darstellt, wohnte die Künstlerin immer dann, wenn sie sich an diesem Ort aufhielt. Die Wohnräume können ebenfalls besichtigt werden. Tipp: am besten am späten Nachmittag kommen, wenn der Park sich langsam leert.

Capalbio | Loc. Garavicchio Pescia Fiorentina | Tel. 05 64 89 51 22 | www.ilgiardinodeitarocchi.it | Mo–So 14.30–19.30 Uhr | Eintritt 12 €

Übernachten

Viel Natur und großer Pool
LOCANDA ROSSA

In den sanften Hügeln der Maremma findet sich dieses exklusive Landgut mit Park: cooles Design und jeglicher Komfort, inklusive Spa. Die auf dem Anwesen produzierten Olivenöle und der Honig sind exzellent. In der schicken Osteria mit Weinbar werden lokale Gerichte serviert.

Capalbio | Strada Capalbio–Pescia Fiorentina 11 B | Tel. 05 64 89 04 62 | www.locandarossa.com | 12 Zimmer | €€/€€€

Einst wurde Pitigliano »das kleine Jerusalem« genannt. Die jüdischen Gebäude, hier die Synagoge, wurden in den vergangenen Jahren liebevoll restauriert.

JÜDISCHE TOSKANA

Zu Besuch im kleinen Jerusalem

Das ungemein malerische **Pitigliano,** 313 Meter hoch auf einem von Wäldern umgebenen Felsen in der südlichen Toskana gelegen, ist kein Ort des Massentourismus. Hierher kommen nur Kenner der Region. Die kleine Ortschaft mit etwas mehr als 3000 Einwohnern, im 5. Jahrhundert v. Chr. eine mächtige Etruskerstadt, trug lange den Namen »das kleine Jerusalem«. Hinter dieser kuriosen Bezeichnung verbirgt sich eine selbst vielen Italienern unbekannte, aber faszinierende Geschichte.

1556 wurde Pitigliano von **Niccolò IV** aus dem Geschlecht der Orsini regiert. Dieser für seine Zeit anscheinend ziemlich aufgeklärte und tolerante Fürst hatte einen persönlichen Medikus, und der war Jude. Der Fürst schätzte seinen Medikus so sehr, dass er ihm bei Pitigliano Land schenkte, um einen Friedhof für die jüdische Gemeinschaft zu schaffen. 1598 wurde in Pitigliano auch eine erste Synagoge errichtet. Es gab einen jüdischen Ofen für rituelles Brot und ein Stadtviertel, in dem die Juden lebten, die in Pitigliano erstaunlich gut integriert waren.

Ab 1608 gehörte Pitigliano zum Großherzogtum Toskana. Obwohl 1622 von den Medici ein **Getto** auch in Pitigliano geschaffen wurde, genossen die toskanischen Juden weitaus mehr Freiheiten und Rechte als im übrigen Europa. Die Medici wussten genau, dass ihre umtriebigen jüdischen Mitbürger wichtig waren für Wirtschaft, Handel und Kultur. So gab es hier nie Pogrome oder anderen Formen der Judenverfolgung. Es bildeten sich auch in anderen toskanischen Städten, wie beispielsweise in Livorno und Florenz, in Siena und Sorano, jüdische Gemeinden. In Pitigliano etwa machte die jüdische Gemeinde im 19. Jahrhundert ein Fünftel der Bevölkerung aus. Damals entstand der Beiname »das kleine Jerusalem«.

Italien ist übrigens dasjenige Land in Europa, wo sich die ersten Juden außerhalb von Palästina ansiedelten. Das war im 2. Jahrhundert v. Chr. in Rom. Von dort aus zogen jüdische Händler, die mit Waren aus dem Nahen und Fernen Osten handelten, auch in die Toskana.

Als Italiens Juden im Jahr 1861 mit der Staatseinigung die vollen Bürgerrechte erhielten, wanderten nicht wenige aus kleineren Orten in die größeren Städte. Auch in Pitigliano blieben nur wenige jüdische Mitbürger. 1938, als Mussolini auch in Italien **Rassengesetze** erließ, lebten dort nur noch 70 Juden. Als dann die Deutschen 1943 Mittelitalien besetzten, wurden 22 von ihnen deportiert. Die anderen überlebten den Holocaust. Sie wurden allesamt durch katholische Familien, Geistliche und Ordensleute gerettet. Wie auch an anderen Orten in der Toskana.

Nach dem Ende des Faschismus verfielen in Pitigliano die historische Synagoge, eine der am besten erhaltenen in ganz Italien, ebenso wie die Gebäude des Gettos und der Ofen. In den vergangenen Jahren wurden diese Relikte einer vergangenen Kultur aufwendig restauriert. Heute sind sie Teil des **»Parcours der jüdischen Kultur in Pitigliano«**. Zu besichtigen ist auch ein Museum, das die erstaunliche Geschichte der jüdischen Gemeinde in Pitigliano erzählt. Und es gibt, denn schließlich ist ja auch die südliche Toskana eine Weinregion, eine »Cantina Kasher«. Hier kann ein ausgezeichneter koscherer Weißwein probiert werden. Im historischen jüdischen Ofen wird wieder ungesäuertes Azzimo-Brot gebacken, und in einigen Bäckereien kann man jüdische Spezialitäten probieren.

PISA UND DER NORDWESTEN

Florenz und
der Norden

Pisa und der
Nordwesten   Arezzo
und der
Osten

Siena und
der Süden

*Der Campo dei Miracoli mit dem
Schiefen Turm und dem romanischen Dom ist das grandiose Vermächtnis der einstmals überaus
betuchten Seerepublik Pisa. Auch
die Stadt Lucca präsentiert sich mit
herrlichen romanischen Kirchen
als architektonisches Kleinod.*

Einer Legende zufolge wurde die Stadt einst von trojanischen
Flüchtlingen aus dem griechischen Pisa gegründet, die in der
Folge des Sieges der Griechen über das gefallene Troja die Peloponnes verlassen mussten. Fakt ist, dass **Pisa** erst unter den
Etruskern und dann unter den Römern zu einer florierenden
Hafenstadt wurde. Archäologen gruben als Bestätigung hierfür vor einigen Jahren die größte Ansammlung antiker Schiffe
im gesamten Mittelmeerraum am Stadtrand von Pisa aus, der
Fund ist nun im Arsenal zu besichtigen. Auch nach dem Ende
des Römischen Reichs, unter den Langobarden und im frühen
Mittelalter war die Stadt wegen ihres Hafens ein wichtiger
Stützpunkt. Die Sarazenen griffen Pisa vom Meer aus immer
wieder an, 1004 bezogen sie sogar Quartier in der Stadt.

Im 11. Jh. kam es zu einer großen wirtschaftlichen Blüte.
Die selbstbewussten Bürger gaben sich eine eigene Verfassung
und unterstellten sich dem Schutz des römischen, also des
deutschen Kaisers. Unzählige Schlachten – zu See und zu Land
– mit anderen italienischen Stadtstaaten, beispielsweise gegen
das mächtige Genua, leiteten den langsamen Niedergang Pisas
ein. Im Jahr 1406 war es dann soweit: Pisa und sein Territorium fielen endgültig an die Medici in Florenz.

Wichtig für die italienische – und damit auch für die gesamteuropäische – Kunstgeschichte ist der pisanische Einfluss

Die Piazza dei Miracoli, gesehen vom Grand Hotel Duomo. Der »Platz der Wunder« in Pisa fasziniert beileibe nicht nur wegen des weltberühmten Schiefen Turms.

im 12. und 13. Jh. auf die Entwicklung der Kunst. Jüngeren Theorien zufolge waren Pisaner Maler, Bildhauer und Architekten die ersten überhaupt, die sich, im Hochmittelalter und noch weit vor Beginn der Frührenaissance, von den Vorbildern der Antike beeinflussen ließen.

Pisa lebt heute nicht nur vom Tourismus. Die Universität mit rund 50 000 Studenten gilt als eine der besten in Italien, Handel und Industrie sorgen für Wohlstand. Neben dem **Schiefen Turm** auf der **Piazza dei Miracoli** von Pisa und einem Spaziergang durch die uralten Straßen und Gassen **Luccas** bietet diese Teilregion viel große Kunst, wilde Natur, ein im Ausland fast unbekanntes Musikfestival in dem Bergstädtchen **Barga.** Dazu eine sehr reizvolle Küste mit guter Infradtruktur, einen eindrucksvollen Steinbruch in **Carrara,** wo sich schon Michelangelo bediente, hohe Berge mit wildromantisch gelegenen kleinen Ortschaften in der **Garfagnana** und den nicht nur für Kinder faszinierenden Pinocchio-Park in **Collodi**.

Ein Geheimtipp, vor allem unter nichtitalienischen Touristen, sind immer noch die **Villen** in der Umgebung von Lucca. Der Adel und das reiche Bürgertum ließen sie sich im 18. Jh. errichten. Viele dieser Anwesen, die von herrlichen Parkanlagen umgeben sind, können besichtigt werden.

PISA A/B3/4
Stadtplan → S. 161
89 200 Einwohner

Sehenswertes

❶ BATTISTERO a1

Unbedingt besichtigen, auch wenn es eine Schlange gibt! Es wartet eines der elegantesten mittelalterlichen Bauwerke Italiens, eine Mischung aus romanischen und gotischen Elementen, errichtet vom 12. bis 14. Jh. Beteiligt waren die Lokalmatadoren Nicola und Giovanni Pisano. Besondere Aufmerksamkeit verdienen die Portale. Die Kuppel misst 18 m im Durchmesser. Das achteckige Taufbecken in der Mitte ist ein Werk von Guido da Como (1246), die Predigtkanzel gilt als ein Hauptwerk von Nicola Pisano. Tipp: Das Echo des Baptisteriums ist berühmt. Fragen Sie das Aufsichtspersonal ob es einige Töne singen kann.

Piazza del Duomo | Tel. 0 50 83 50 11, 05 03 87 22 10 | www.opapisa.it, www.opapisa.it | Nov.–Feb. tgl. 10–17, März 9–18/19, April–Sept. 8–20, Okt. 9–19 Uhr | Eintritt 5 €

❷ CAMPOSANTO MONUMENTALE a1

Obwohl im Zweiten Weltkrieg schwer zerstört, präsentiert sich dieser im späten 13. Jh. errichtete Friedhof mit Kreuzgang wieder in alter Pracht. Die großartigen Fresken aber, darunter der berühmte »Triumph des Todes«, konnten nur teilweise restauriert werden. Doch was es zu sehen gibt, lohnt einen Besuch! Die bei der Restaurierung entdeckten Freskenskizzen (Sinopien) sind im **Museo delle Sinopie** zu sehen. Im Kreuzgang des Friedhofs befindet sich eine beachtliche Sammlung römischer Sarkophage. Interessant ist, wie viele der Reliefbilder und Skulpturen der Bildhauerfamilie Pisano – und hier lässt sich das nachverfolgen – von antiken Bildwerken beeinflusst wurden. In gewisser Weise, da sind sich Kunstexperten nun einig, kann man in diesem Fall von einer Pisaner Frührenaissance sprechen.

Piazza del Duomo | Tel. 0 50 83 50 11 | Camposanto und Museo delle Sinopie Öffnungszeiten wie Baptisterium | Eintritt 5 €

Im Zweiten Weltkrieg durch Brandbomben schwer zerstört, erstrahlt der gotische Kreuzgang des Camposanto Monumentale jetzt wieder in alter Pracht.

❸ DUOMO SANTA MARIA ASSUNTA a1

Das Meisterwerk der Baukunst wurde 1063 auf dem weitläufigen Campo dei Miracoli nach dem Sieg über die Araber bei Palermo begonnen. Der monumentale Dom wurde 1118 geweiht. Er wird umrahmt von **Camposanto Monumentale** (→ S. 158), **Campanile** → S. 160) und **Baptisterium** (→ S. 158). Auch an den Skulpturen am Dom ist Giovanni Pisanos Einfluss erkennbar. Ebenfalls von ihm stammen die reliefgeschmückte Kanzel sowie eine elfenbeinerne Madonna in der Sagrestia dei Cappellani. Sie ist nun im **Dommuseum** zu besichtigen.

Nicola Pisano und sein Sohn Giovanni begründeten mit ihren Bau- und Kunstwerken den pisanischen Stil, der durch die Verbindung romanischer mit altrömischen Bauelementen die Grundlagen für die spätere Entstehung der Renaissance lieferte. Wie sehr dies zutrifft, wird vor allem an der Kanzel des Baptisteriums und des Doms deutlich: Die Figuren verfügen über einen so lebhaften Ausdruck, dass die Auseinandersetzung der Künstler mit antiken Vorbildern, etwa mit Sarkophagen, unübersehbar ist. Das Gleiche gilt für die um 1180 entstandenen Bronzetafeln der Porta San Ranieri, auf denen das Leben Christi nacherzählt wird. Tipp: Besuchen Sie das Gebäudetrio, das sich auf einem gepflegten Rasen erhebt, bei Sonnenuntergang. Nur so lässt sich der Ort in seinem ganzen Zauber genießen.

Piazza del Duomo | www.opapisa.it | 1.–24. März tgl. 10–12.45, 14–17, 25. März–Sept. 10–18, Okt. 10–20 Uhr | Eintritt frei

❹ TORRE PENDENTE (SCHIEFER TURM) a1

Geneigt hatte sich der freistehende Glockenturm schon, als die Bauarbeiter bei der dritten Etage angelangt waren. Er war auf viel zu sandigem Boden errichtet worden. Daraufhin wurde der Bau für ungefähr 100 Jahre unterbrochen, erst 1372 konnte die Glockenstube fertiggestellt werden. Vor einigen Jahren wurde die Schiefstellung um knapp 41 cm korrigiert, was an seiner kuriosen Schönheit nichts änderte. Italiens faszinierendster Kirchturm, rund 55 m hoch und über 293 Stufen zu besteigen, gilt jetzt als sicher. Eine weitere Schieflage ist nicht zu erwarten, doch befürchteten Experten, dass Erdbeben dem Turm zusetzen könnten. Der weiche Untergrund sorgt jedoch dafür, dass die Schwingungen eines Erdbebens wenig Resonanz finden. Tipp: am besten am späten Nachmittag besichtigen, dann brauchen Sie weniger anzustehen und die letzten Sonnenstrahlen tauchen den weißen Marmor aller Gebäude in goldenes Licht.

Piazza del Duomo | www.opapisa.it | tgl. 8–18 Uhr | Eintritt 18 €

❺ SANTA CATERINA D'ALESSANDRIA c1

Die hochgotische Dominikanerkirche aus dem späten 13. Jh. weist eine elegante Marmorfassade mit Bögen, Säulen, Loggien und einer Rosette auf. Der einschiffige Innenraum birgt Skulpturen und Grabmonumente von Andrea und Nino Pisano aus dem 14. Jh. – der eigentliche Höhepunkt der Kirche!

Piazza Santa Caterina, 4–6 | Tel. 33 36 97 87 13 | Nov.–Feb. Di–So 10–14, 14.30–17 (2. So im Monat 10–13), März–Okt. Di–Fr 10–13.30, 14.30–18, Sa 10–19 Uhr | Eintritt 2 €

❻ PIAZZA DEI CAVALIERI b2

Das säkulare Zentrum Pisas. Unter den Medici-Fürsten wurde dieser Platz neu gestaltet und erhielt sein heutiges Gesicht – als einer der elegantesten Plätze Pisas. Hier erhebt sich der sehr vornehme **Palazzo dei Cavalieri** aus dem Jahr 1562, in dem die Scuola Normale Superiore untergebracht ist, eine von Kaiser Napoleon 1810 eingerichtete Elitehochschule, deren Wände ganz mit Grafittimalerei verziert sind. Der **Palazzo**

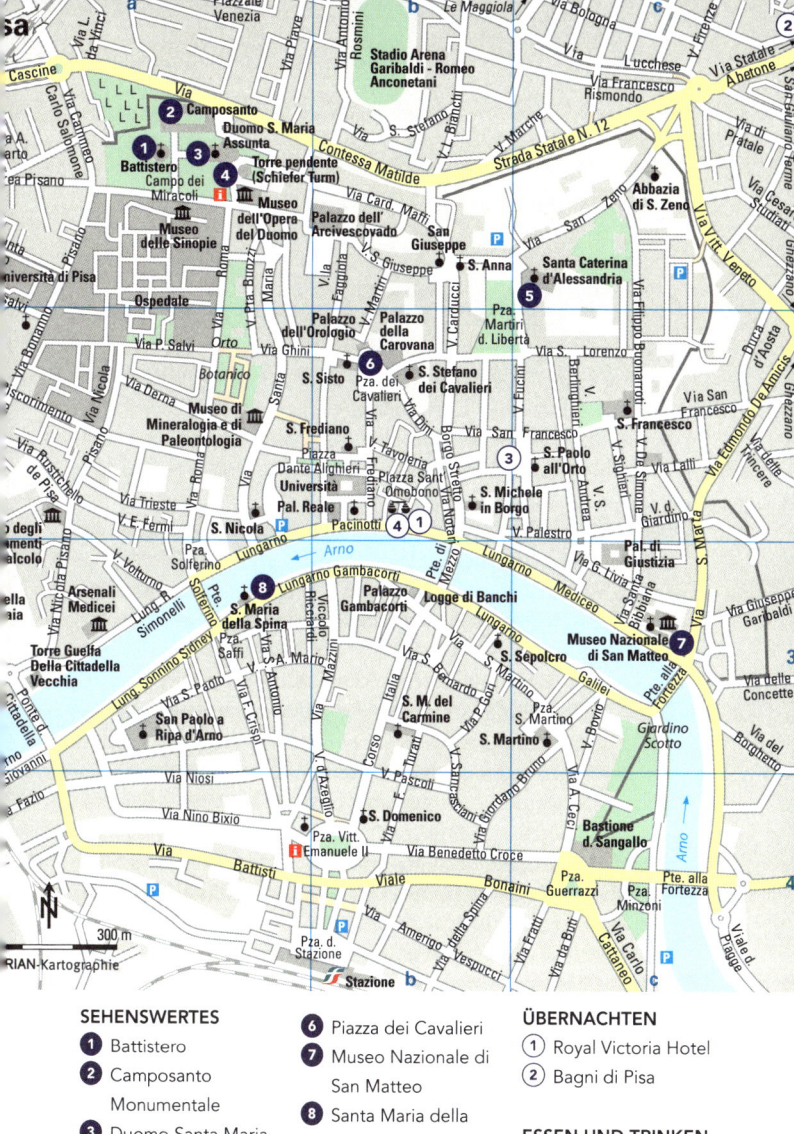

Lagen ihre Anfänge in Pisa?

Der Krater ist aus Marmor und stammt aus dem ersten Jahrhundert nach Christus. Das fast einen Meter hohe und erstaunlich gut erhaltene Gefäß wurde bei Pisa ausgegraben. Die dargestellten Figuren, leicht bekleidete Frauen und nackte Männer, feiern. Eine bacchantische Szene, typisch für ein antikes Gastmahl. Mit diesem Ausstellungsstück wurde vor einigen Jahren in Florenz eine hochinteressante Kunstschau zum »**Frühling der Renaissance**« eingeleitet. Der Krater war der Schlüssel zum Verständnis dieser Ausstellung, die anhand von 140 Kunstwerken aus den wichtigsten Museen der Welt zu erklären versuchte, wie und wo im 13. und 14. Jahrhundert eine künstlerische Revolution begann, die als *rinascimento*, als Renaissance, in die Kunstgeschichte einging.

»Im 13. Jahrhundert entdeckten Künstler in Pisa antike Kunstschätze und ließen sich von ihnen inspirieren«, erklärt die Florentiner Kunsthistorikerin Beatrice Paolozzo Strozzi. »Das war möglich, weil die intellektuelle Bewegung des Humanismus die antike Literatur wiederentdeckt hatte.« Man begann, sich für die Antike zu interessieren. In der bildenden Kunst beschäftigten sich als Erste die Bildhauer von Pisa mit den antiken Vorbildern. Aber nicht erst ab dem 15. Jahrhundert, sondern schon lange zuvor. **Giovanni Pisano** beispielsweise schuf gegen 1270 eine Madonna mit dem Jesuskind. Das Gesicht der Maria erinnert an die Darstellung weiblicher Gesichter auf antiken Gefäßen und Sarkophagen, wie man sie bei Pisa fand. Das Jesuskind wirkt wie eine der zahllosen Kinder- und Engelporträts auf frühchristlichen Särgen. Die Kleidung von Mutter und Kind mit ihren antikisierten Faltenwürfen verweist auf Togen und Umhänge der alten Römer.

Für Beatrice Paolozzo Strozzi beginnt die sogenannte Renaissance, ein Begriff, der übrigens erst im 19. Jahrhundert geprägt wurde, in einer Bildhauerwerkstatt irgendwo in der Toskana bei Pisa oder zwischen Pisa und Florenz. »Es waren diese

Madonnenbildnisse des Renaissancekünstlers Lorenzo Ghiberti aus bemaltem Holz.

Bildhauer«, so die Fachfrau, »die das an der Antike inspirierte Neue in der Darstellungsweise in die Kunst brachten.« Ein Funke, »der dann von der Bildhauerei auf die Malerei übersprang«.

Deutlich wird das, wenn man antike römische Funde und Skulpturen des 14. Jahrhunderts gegenüberstellt, wie das seit einiger Zeit in einigen toskanischen Museen geschieht. Werke wie etwa von Ghiberti und Donatello, von Michelozzo und anderen, oder Gemälde von Masaccio, Filippo Lippi, Paolo Uccello etc., die zeigen, wie Sujets der an der Antike orientierten Bildhauerkunst Eingang in die Malerei fanden. Diese nachhaltige Beeinflussung der Kunstszene durch antike Bildwerke wäre nicht möglich gewesen, wenn es in den freien Kommunen jener Zeit – nicht nur in Florenz – keine republikanischen und intellektuell weltoffenen Regierungen gegeben hätte. Humanisten sahen zunehmend in der antiken Staatsführung und Kunst ein Vorbild für ihre Gesellschaft. Man lernte, die Augen zu öffnen und die Kunst und das Denken der vergangenen Zivilisation von Griechen und Römern wiederzuentdecken.

Die bildenden Künstler des 13., 14. und 15. Jahrhunderts erfuhren von den Antikenstudien der Humanisten, und sie besuchten aus diesem Grund auch Pisa. Außer dem berühmten schiefen Turm gibt es dort auch den **Campo Santo,** für dessen Bau zahllose antike Fundstücke benutzt wurden. Die Humanisten halfen also den Bildhauern, ihren geistigen Horizont zu erweitern, und die Maler ihrerseits ließen sich von den neuen Darstellungsweisen der Bildhauer inspirieren.

dell'Orologio zeigt eine Fassade von Vasari (1607). Abgerundet wird das architektonische Ensemble von der Kirche **San Stefano dei Cavalieri** mit Vasaris Glockenturm von 1569.

❼ MUSEO NAZIONALE DI SAN MATTEO c3

Eines der wichtigsten Museen der Toskana, untergebracht in einem ehemaligen Benediktinerkloster – eine Schatztruhe, die ähnlichen Einrichtungen in Florenz in nichts nachsteht. Ausgestellt werden Meisterstücke der pisanischen Schule aus dem 12. bis 14. Jh., von der Familie Pisano, von Malern wie Simone Martini und den Renaissancemeistern, darunter Donatello, Masaccio und Beato Angelico. Werke aller wichtigen Künstler der Hochgotik und der Renaissance sind hier vertreten.

Piazza San Matteo in Soarta, 1 | Tel. 0 50 54 18 65 | Di–Fr 8.30–19, Sa, So 8.30–13 Uhr | Eintritt 5 €

❽ SANTA MARIA DELLA SPINA a3

Ein architektonisches Juwel romanisch-gotischer Baukunst. Das ehemalige Oratorium wurde im Jahr 1323 aus- und umgebaut. Ihren Namen erhielt die Kirche, weil dort, so heißt es, die Reliquie eines Nagels der Dornenkrone Christi aufbewahrt wurde, die jetzt die Kirche Santa Chiara birgt. Das kleine Gotteshaus mit seinen gotischen Zinnen und Spitzbögen sowie den romanischen Bögen ist ein echter Blickfang.

Lungarno Gambacorti | Tel. 05 53 21 54 46 | Mo 10–13, Di–Do 15–19, Fr–So 10–13, 15–19 Uhr

❾ ARSENALI MEDICEI – LE NAVI ANTICHE DI PISA südwestl. a3

Im ehemaligen Arsenal der Medici werden die weltweit einmalig erhaltenen Reste Dutzender römischer Handelsschiffe ausgestellt. Sie wurden vor Jahren bei Bauarbeiten außerhalb Pisas im Erdreich entdeckt. Es handelt sich um ein einmaliges Museum. Interessant sind die Rekonstruktionen einiger Schiffe und die Ausstellung all der Dinge, die man in den Schiffen fand.

Lungarno Ranieri Simonelli, 16 | Tel. 05 08 05 78 80 | www.navidipisa.it | Mo–Fr 9.30–17.30 Uhr | Eintritt 10 €

Übernachten

① *Traditionshaus*
ROYAL VICTORIA HOTEL b2

Seit dem 15. Jh. ist in diesem Gebäude eine Herberge untergebracht, zum eleganten Hotel wurde sie 1837. Komfortable Zimmer mit viel Charme, und von der Dachterrasse aus, ideal auch für einen Aperitif, schweift der Blick direkt auf den Arno.

Lungarno Pacinotti, 12 | Tel. 0 50 94 01 11 | www.royalvictoria.it | 20 Zimmer | €€

② *Kuren wie der Großherzog*
BAGNI DI PISA nordöstl. c1

In einem 1743 vom Großherzog der Toskana errichteten Thermenpalast ist heute eines der schönsten, luxuriösesten und komfortabelsten Thermenhotels der Toskana untergebracht. Gäste erwarten mit Antiquitäten eingerichtete Zimmer und freskengeschmücke Säle. Hier ließen es sich schon die Könige Georg IV. von England und Gustav von Schweden gutgehen.

San Giuliano Terme | Largo Shelley, 18 | Tel. 05 08 85 01 | www.bagnidipisa.it | 61 Zimmer | €€€

Essen und Trinken

③ *Ein Pisaner Klassiker*
RISTORANTE ALLE BANDIERINE b/c2

Ein einfaches Restaurant, das für seine fantastischen Gerichte mit den verschiedensten handgemachten Nudeln berühmt ist. Hier gehen vor allem Einheimische essen.

Via Mercanti, 5 | Tel. 0 50 50 00 00 | €

④ *Mehrfach ausgezeichnete Gelateria*
DE' COLTELLI b2

Gianfrancesco Cutelli sorgt mit seinem blauen Blütenblättereis für wunderbare geschmackliche Erlebnisse.

Lungarno Pacinotti, 23 | www.decoltelli.it

Nicht weit vom Meer
DA GINO A4

Klassisches Fischlokal, das vor allem von Einheimischen besucht wird. Täglich Frisches aus dem Meer. Besonders reizvoll: die Fischfilets eingerollt in hauchdünne Scheiben des Lardo-Specks von Colonnata. Reiche Vorspeisenauswahl, passable Weinliste.

Località Marina di Pisa | Via Cursolari, 2 | Tel. 05 03 54 08 | Mo, Di geschl. | €/€€

Italiens Trüffeln kommen nicht nur aus Piemont. Die weißen Trüffel aus San Miniato sind nicht so teuer wie die brauen, doch schmecken auch sie fantastisch.

SAN MINIATO C4

27 900 Einwohner

Ursprünglich hieß das schön gelegene Städtchen, das wie eine Kulisse aus einem Film mit mittelalterlichem Inhalt erscheint, San Miniato al Tedesco, denn Stauferkaiser Friedrich II. errichtete die Burg und setzte einen Statthalter ein. Der von außen etwas abweisend wirkende romanische Dom enthält in seinem reich gestalteten Innenraum Sakralkunst des Mittelalters. Im kleinen, aber sehr feinen **Museo Diocesano** sind wichtige Renaissancegemälde versammelt, u. a. von Pontormo, Luca Signorelli und Leandro Bassano.

Für im Herbst reisende Feinschmecker ein ganz wichtiger Termin: die Mostra Mercato Nazionale del Tartufo Bianco (2.–4. Wochenende im Nov.), die Messe der weißen Trüffeln.

Essen und Trinken

Nicht nur Sommertrüffeln
LA TAVERNA DELL'OZIO
San Miniato ist berühmt für seine Trüffeln. Die kann man in diversen Zubereitungsformen in diesem kleinen, gemütlichen und ausgezeich-neten Lokal probieren. Chef Simone Fiaschi hat sich ganz auf die ländliche Küche der Region spezialisiert. Köstlich sind beispielsweise die mit Wildschwein gefüllten Tortellini sowie die Fleischgerichte. Unbedingt reservieren! Località Corazzano | Via Zara, 85 | Tel. 05 71 46 28 62 | €

CALCI B3

6400 Einwohner

Ein Geheimtipp für Liebhaber romanischer Kirchen in ländlicher Umgebung. Die **Pieve di San Ermolao** aus dem späten 11. Jh., 12 km östlich von Pisa gelegen, gilt als eine der schönsten der ganzen Toskana. Sehenswert ist auch eine Pieve, eine kleine romanische Kirche aus dem 11. Jh., die sich mitten im Ort erhebt. Etwa 5 km südlich von Calci befindet sich die Gemeinde **Uliveto Terme**, wo eines der besten Mineralwasser Italiens abgefüllt wird. Reizvoll ist die Besichtigung der **Grotta del Pippi**, einer eigentümlich geformten Grotte. Einen Besuch wert ist in Calci auch die **Certosa di Pisa** (Via Roma, 79, Tel. 05 02 21 29 90, Mo–Sa 8.30–18.30, So 8.30–12.30 Uhr, Eintritt 5 €), ein prächtiges ehemaliges Barockkloster. Die Ursprünge dieser Anlage gehen auf das 14. Jh. zurück.

PARCO NATURALE DI MIGLIARINO, SAN ROSSORE, MASSACIUCCOLI A/B3/4

Ein oder zwei Tage mitten in ursprünglicher Natur entspannen? Hier ist es möglich! Wälder und Seen, Wander- und Fahrradwege, eine Vielzahl seltener Vögel und anderer Tiere sowie, sehr selten in Italien, herrliche unverbaute und naturbelassene Strände warten auf den Besucher. Ein Tagesausflug in diesen großen Naturpark ist ein Erlebnis.

Cascine Vecchie | Tenuta di S. Rossore | Tel. 0 50 53 91 11 | www.parcosanrossore.org

LIVORNO A4

159 000 Einwohner

Die wichtigste Hafenstadt der Toskana wurde im Zweiten Weltkrieg schwer durch alliierte Bomben zerstört. Obwohl die Altstadt nach Kriegsende weitgehend restauriert wurde, fehlt Livorno ein wenig der Charme anderer toskanischer Städte.

Und doch gibt es in Livorno, das im 16. Jh. nach dem Willen des Medici-Fürsten Cosimo *ex novo* geschaffen wurde, einiges zu entdecken. Das Zentrum bildet die Piazza Grande mit verschiedenen historischen Palazzi. Bei den Festungsgräben wurde Ende des 16. Jh. die mächtige **Fortezza Nuova** errichtet. In der Fortezza Vecchia nahe des alten Medici-Hafens finden heute Konzerte und Veranstaltungen statt. Kurios ist das Viertel **Venezia Nuova** mit Kanälen, Brücken und schmalen Gassen. Die Festung **Fortezza Vecchia** ist ein Werk von Renaissancebaumeister Antonio da Sangallo (1521–1534).

Seit der Renaissance gilt Livorno als eine besonders weltoffene Stadt. 1593 legte eine für das damalige Europa ungewöhnliche Bestimmung fest, dass jeder Zuwanderer in Livorno ein Aufenthaltsrecht genießt. Das galt auch für Juden, und so besaß die Stadt – bis zur Besetzung der Toskana durch die Wehrmacht zwischen 1943 und 1945 – eine große jüdische Gemeinde.

Sehenswertes

MUSEO GIOVANNI FATTORI

Eine Museumsperle: Giovanni Fattori (1825–1908) war einer der Hauptvertreter der Schule der Macchiaioli, der »Farbkleckser«, die von 1855 bis 1865 in Florenz wirkten. Fattori war in Livorno zur Welt gekommen. Das Museum stellt auch Porträts von Amadeo Modigliano (1884–1920) aus.

Via San Jacopo in Acquaviva, 65 | Tel. 05 86 80 80 01, 05 86 82 46-20, -30 | www.museofattori.livorno.it | Di–So 10–13, 16–19 Uhr | Eintritt 6 €

Essen und Trinken

Exzellente Fischgerichte
MARINO

Köchin Elena Goncalves hat sich auf Fisch spezialisiert. Unbedingt probieren: den *cacciucco*, die typische Fischsuppe von Livorno. Dieses Gericht sollte man bei der Tischreservierung gleich vorbestellen. Gute Hausweine. Kein besonders schickes, aber sehr typisches Lokal mit richtig familiärer Atmosphäre.

Via del Lavoro, 1 | Tel. 05 86 42 90 67 | So, Mo und Di mittags geschl. | €

Italiens wohl berühmteste Zypressenallee bei Bolgheri in der Maremma sollte man am besten an einem Spätnachmittag bei einem Spaziergang erkunden.

BOLGHERI B5

1300 Einwohner

Die bei Bolgheri gelegene schnurgerade **Zypressenallee**, die sich von der antiken Via Aurelia ins Land zieht, gilt als die eindrucksvollste ganz Italiens. Unbedingt langsam abfahren, besser noch an einem Spätnachmittag oder früh morgens abgehen. Der Dichter Giosue Carducci (1835–1907) verfasste zu dieser Straße seine Ode »Davanti San Guido«. Schade nur, dass die Zypressen zunehmend von Käfern bedroht sind. Mithilfe eines Projekts der Uni Florenz wird versucht, die uralten Bäume zu retten. Ganz in der Nähe gibt es Weingüter mit erstklassigen Tropfen: Tenuta dell'Ornellaia (www.ornellaia.com) und Tenuta San Guido (www.tenutasanguido.com).

LUCCA B3

Stadtplan → S. 173

89 000 Einwohner

Lucca liegt in einer fruchtbaren Ebene, umgeben von nahen Hügeln. In vorrömischer Zeit erstreckte sich hier eine Siedlung in sumpfigem Gebiet. Später hat sich die Stadt aus einem römischen Castrum mit der heutigen **Piazza San Michele** als Forum entwickelt. Im Mittelalter war sie ein blühendes Handelszentrum, das friedlich mit den Medici als Nachbarn auskam. Lucca war die vielleicht von den Prinzipien der Reformation

Das Instituto Lama Tsong Khapa, Italiens wichtigstes tibetanisch-buddhistisches Zentrum, liegt in der Maremma und steht allen Interessierten offen.

BUDDHISMUS IN DER TOSKANA

Die Toskana scheint Buddhisten offenbar magisch anzuziehen

Sie schreiten gemessen über den Boden des Innenhofs, der mit kleinen Flusskieseln ausgelegt ist. Sie sind in orangefarbene und rötliche Gewänder gehüllt und gehen in einer langen Reihe hintereinander. Die Szene erinnert an den bekannten Film »Sieben Jahre in Tibet« mit dem US-amerikanischen Schauspieler Brad Pitt. Doch die tibetischen Mönche, die sich Gebete murmelnd fortbewegen, leben mitten in der Toskana – und zwar in einer mittelalterlich anmutenden restaurierten Burg. Pisa liegt rund 40 Kilometer entfernt, und der Besucher nähert sich der ungewöhnlichen Festung über die kleine Ortschaft Rosignano Marittimo. Von dort aus biegt man Richtung **Pomaia** ab und landet in einem kleinen, verschlafenen Dorf. Wer von den asiatischen Mönchen nichts weiß und in der örtlichen Kaffeebar eine Pause einlegt, wird sich über die vielen verschiedenen Sprachen wundern, die am Tresen gesprochen werden. Pomaia ist unter Buddhisten weltbekannt.

In der nicht weit von Pomaia entfernten Burg residiert das **Istituto Lama Tsong Khapa**. Das Institut genießt allerhöchstes Ansehen. Der Dalai Lama persönlich empfing, als es ihm gesundheitlich besser ging, in der Regel einmal im Jahr in einem großen Saal seine Jünger und alle, die ihn sehen und sprechen wollten. Das Institut gilt als eines der wichtigsten europäischen Studienzentren für den tibetischen Buddhismus. Dort unterrichten die berühmtesten Gelehrten des tibetischen Buddhismus, einer Religion, die sich in Italien vor allem unter Prominenten einer großen Anhängerschaft erfreut. Die Gästezimmer in der Burg sind deshalb nahezu immer ausgebucht.

Traditionell war die Toskana in Sachen Religion immer schon tolerant. Schon vor dem Ende des katholischen Kirchenstaats Mitte des 19. Jahrhunderts entstanden in toskanischen Städten protestantische Gemeinden. Heute leben rund 25 Religionsgemeinschaften in der Region. Neben den Katholiken vor allem Hindus, Buddhisten und Moslems.

Reizvoll sind für die buddhistisch angehauchten Toskanareisenden vor allem die verschiedenen Kurse, die das Institut im Angebot hat: Feng Shui und Bachblütentherapie, Musiktherapie, spirituelles Zeichnen, Massage mit Ölen und viele andere Themen. Das spricht viele Wochenendaussteiger an. Die Toskana scheint Buddhisten auf besondere Weise anzuziehen.

Die **Dzogchen-Gemeinschaft** ist ebenfalls ein buddhistisches Zentrum. Der Zusammenschluss buddhistischer Laien ist in der Nachbarschaft der kleinen Ortschaft **Bagnore** südlich von Montalcino in einem Gebäude untergebracht, das in der Form eines orientalischen Mandala errichtet wurde. Die Dzogchen-Gemeinschaft wurde in den 1970er-Jahren gegründet. Hier trifft man immer wieder Menschen aus aller Herren Länder. Besucher des Zentrums können in einer gut ausgestatteten Bibliothek stöbern und sich an der Arbeit der Laien beteiligen, denen es allerdings nicht nur um die Verbreitung der Lehre ihres Lama geht. Sie organisieren beispielsweise auch kunsthistorische Expeditionen nach Tibet, um dort antike Gebäude vor dem drohenden Verfall zu retten.

am meisten beeinflusste italienische Stadt. Ihr wohl berühmtester Bürger ist der 1858 geborene Opernkomponist **Giacomo Puccini** (»La Bohème«, »Turandot«, »Madame Butterfly«). Weil Lucca im 18. und 19. Jh. politisch eher im Schatten des europäischen Geschehens stand, blieb der historische Stadtkern mit seinen prachtvollen Patrizierhäusern und herrlichen romanischen Kirchen beinahe komplett erhalten.

Sehenswertes

❶ DUOMO SAN MARTINO c3

Neben der asymmetrischen Fassade aus hellem Marmor, ein Meisterwerk romanischer Säulen- und Bogenarchitektur, erhebt sich ein mächtiger Campanile. Der in zweifarbigem Marmor gehaltene Innenraum birgt große Kunst, für die man sich ein wenig Zeit nehmen sollte: u. a. von Domenico Ghirlandaio (Altar mit Madonna und Heiligen) sowie das zauberhafte Grabmonument der Ilaria del Carretto, ein Werk von Bildhauer Jacopo della Quercia von 1408 und eine der beeindruckendsten Arbeiten der italienischen Renaissance. Allein dieses ungemein poetisch wirkende Grabmal lohnt einen Besuch dieser Kirche! Piazza San Martino | Tel. 05 83 49 05 30 | www.museocattedralelucca.it | Mitte März–Okt. Mo–Fr 9.30–18, Sa 9.30–18.45, So 9–10, 11.45–18, Nov.– Mitte März Mo–Fr 9.30–17, Sa 9.30–18.45, So 11.30–17 Uhr | Eintritt 3 €

❷ VIA GUINIGI c2

Sie ist wahrscheinlich die malerischste Straße Luccas, mit romanisch-gotischen Häusern und Türmen des 13. und 14. Jh.

❸ MUSEO NAZIONALE DI VILLA GUINIGI d2

Paolo Guinigi war Herr von Lucca im frühen 15. Jh. In seinem Palazzo, immer noch ein Insidertipp, sind archäologische Funde der Etrusker und der Römer zu sehen sowie italienische Kunst der Renaissance und des frühen Barock, darunter von Matteo Civitali, Guido Reni und Pietro da Cortona. Via della Quarquonia | Tel. 05 83 49 60 33 | www.luccamuseinazionali.it | Di–Sa 8.30–19.30 Uhr | Eintritt 4 €

SEHENSWERTES

1. Duomo San Martino
2. Via Guinigi
3. Museo Nazionale di Villa Guinigi
4. Piazza del Mercato
5. San Frediano
6. Via Fillungo
7. San Michele in Foro
8. Casa Natale di Giacomo Puccini
9. Palazzo Mansi e Pinacoteca Nazionale

ÜBERNACHTEN

1. Alla Corte degli Angeli

ESSEN UND TRINKEN

2. Santini
3. Antico Caffè di Simo
4. Osteria Baralla
5. L'Imbuto
6. Ristorante Caffetteria San Colombano

EINKAUFEN

7. La Cacioteca
8. La Tela di Penelope
9. Mercato Antiquario

Einst eine Arena, in der die Gladiatoren gegeneinander antraten, heute Markt-platz und beliebter Treffpunkt mit Cafés: die Piazza del Mercato in Lucca.

❹ PIAZZA DEL MERCATO c2

1830 demolierte man die Gebäude im Inneren dieses antiken ovalen **Amphitheaters** aus dem 2. Jh., um Platz für einen Markt zu schaffen, der bis heute existiert. Auf den Ruinen, von denen noch einige zu erkennen sind, waren im Mittelalter Wohnhäu-ser errichtet worden. Kommen Sie nach Einbruch der Dunkel-heit hierher, wenn die Piazza ungemein malerisch wirkt!

❺ SAN FREDIANO b1

Errichtet vom 12. bis 16. Jh., zeigt diese romanische Kirche an ihrer Fassade ein beeindruckend großes, an die byzantinische Kunst erinnerndes Mosaik mit dem Thema der »Himmelfahrt Christi«. Im Inneren faszinieren Marmorarbeiten von Jacopo della Quercia und ein farbiger Marmorfußboden (12./13. Jh.) sowie Terrakottawerke von Andrea della Robbia.

Piazza San Frediano | Tel. 34 09 44 02 90 | www.sanfredianolucca.com | Mo–Sa 8.30–12, 15–17, So 8.30–12 Uhr

❻ VIA FILLUNGO b2

Eine mittelalterliche Straße von großer Eleganz mit Geschäften, Bars und uralten Patrizierhäusern und Türmen – die sicherlich schönste Flaniermeile der Lucchesen.

❼ SAN MICHELE IN FORO b2

Im 12. Jh. errichteten die Bürger Luccas dort, wo sich einst das römische Forum befand, die Michaelskirche. Sie ist eines der schönsten romanischen Bauwerke der sogenannten pisanisch-lucchesischen Schule, das sich durch seinen weißen Marmor und eine reich geschmückte Fassade sowie einen großen romanischen Engel auszeichnet. Um die mit zahllosen Säulen verzierten Fassaden in ihrer ganzen Schönheit zu erfassen, sollte man einmal um sie herum gehen. Im Kircheninneren befindet sich neben einer Altartafel von Filippo Lippi (spätes 15. Jh.) eine Madonna mit dem Jesuskind von Luca della Robbia.

Piazza San Michele | Tel. 05 83 58 31 50 | tgl. 7.40–12, 15–18, im Winter 8.30–10.30, 15–17 Uhr

❽ CASA NATALE DI GIACOMO PUCCINI b2

Ein unbedingtes Muss für Opernfreunde! In diesem Haus wurde der Maestro 1858 geboren. Zahlreiche Originalstücke, Möbel, Briefe und Fotografien erinnern an Leben und Werk des berühmten italienischen Komponisten. Das heikle Thema seiner zahlreichen Geliebten wird jedoch nur am Rande erwähnt.

Corte San Lorenzo, 8 | Tel. 05 83 58 40 28 | www.puccinimuseum.org | Mai–Sept. tgl. 10–19 Uhr | Eintritt 7 €

❾ PALAZZO MANSI E PINACOTECA NAZIONALE a2

Im ehemaligen Stadtpalast der Familie Mansi aus dem 17. Jh. – schon das Innere des Gebäudes mit einigen prächtigen Sälen ist sehr reizvoll – befindet sich eine üppige Gemäldesammlung mit Werken von Bronzino, Dolci, Domenichino und Veronese. Vertreten sind auch einige Meister der niederländischen Schule.

Via Galli Tassi, 43 | Tel. 0 58 35 55 70 | www.luccamuseinazionali.it | Di–Sa 8.30–19.30 Uhr | Eintritt 4 €

Übernachten

① *Mitten im historischen Zentrum*
ALLA CORTE DEGLI ANGELI b2

Ein komfortables Haus mit eleganten Zimmern, untergebracht in einem historischen Gebäude. Sehr ruhig und nicht weit von der Piazza del Mercato gelegen. Ideal, um mittendrin zu wohnen!
Via degli Angeli, 23 | Tel. 05 83 46 92 04 | www.allacortedegliangeli.it | 10 Zimmer | €€

Ländliche Eleganz
LOCANDA L'ELISA B3

Ein Hotel, das man so in Italien nicht vermuten würde, am ehesten vielleicht noch in einer britischen Kolonie. Ein perfekter Ort für Liebhaber von Landhotels. Ganz sicher aber handelt es sich um eine der elegantesten Unterkünfte in und um Lucca, mit alten Möbeln geschmackvoll eingerichtet und mit allem Komfort ausgestattet. Als besonders reizvoll erweisen sich der herrliche Garten mit Pool und das ausgezeichnete Feinschmeckerrestaurant Gazebo.
Massa Pisana | Via Nuova per Pisa, 1952 | Tel. 05 83 37 97 37 | www.lo

candalelisa.it | Hotel im Jan., Restaurant So geschl. | 10 Zimmer, 6 Suiten | €€/€€€, Restaurant €€

Wohnen im Palast
PALAZZO BUONVISI B2

Der herrliche Palast aus dem 15. Jh., mehrfach um- und ausgebaut, ist jetzt ein äußerst komfortables und attraktives Hotel mit prächtigen und großen Zimmern, eingerichtet mit Kunst und alten Möbeln. Die öffentlichen Räumlichkeiten bieten Ruheoasen wie den barocken Garten mit Pool. Der besondere Kick: ein modernes Wellness-Center.
Ghivizzano | Via David Camilli, 2 | Tel. 05 83 73 94 41, mobil 34 78 29 79 88 | www.palazzobuonvisi.com | 3 Zimmer | €€€

Essen und Trinken

② *Vielleicht die beste Eisdiele Luccas*
SANTINI b2

Seit 1916 macht die Familie Santini Eis – nach allen Regeln der Kunst mit unzähligen Geschmacksrichtungen und ohne künstliche Aromen. Auch die Sahne zergeht förmlich auf der Zunge.
Piazza Cittadella, 1 | Tel. 0 58 35 52 95 | www.gelateriasantini.it

Kaffeehauskultur wird in Lucca großgeschrieben, seit das Großherzogtum Toskana zu Österreich gehörte. Eine der schönsten Adressen ist das Antico Caffè di Simo.

③ *Viel Kaffeehaus-atmosphäre*
ANTICO CAFFÈ DI SIMO b2

Im exklusivsten Kaffeehaus Luccas naschte schon Puccini. Neben Torten und Kuchen gibt es auch abwechslungsreiche Menüs und ein kleines Kulturprogramm sowie in den Sommermonaten natürlich selbst gemachtes Eis.

Via Fillungo, 58 | Tel. 05 83 49 62 34

④ *Traditionsverbunden*
OSTERIA BARALLA c1/2

Volkstümliche Trattoria, die nach wie vor viele Einheimische frequentieren. Auf den Tisch kommen toskanische Gastroklassiker und dazu ein Glas Hauswein. Ein Ort für eine schnelle Feinschmecker-pause. Besonders empfehlenswert sind die Vorspeisen sowie die Nudelgerichte.

Via dell'Anfiteatro, 5 | Tel. 05 83 44 02 40 | www.osteriabaralla.it | Mo geschl. | €

⑤ *Für neugierige Feinschmecker*
L'IMBUTO c2

Kreative Kochkunst vom Feinsten. Chef Cristiano Tomei bietet die ideale Küche für Gourmets, die sich gern überraschen lassen wollen. Umwerfend der zarte Hamburger oder die Desserts, die in Terrakottavasen serviert werden.

Via della Fratta, 36 | Tel. 05 83 49 12 80 | www.limbuto.it | Mo geschl. | €/€€

Junge Frauen, schnelle Autos, ergreifende Opern – bei Giacomo Puccini

Manon Lescaut und Mimì, Tosca, Cio-Cio-san, Butterfly genannt, Minnie, das Mädchen aus dem goldenen Westen, Turandot: Der 1858 in Lucca geborene Giacomo Puccini bevorzugte Frauen als Heldinnen seiner Opern, ihre Leiden, ihre Stärken, ihre unbändige Liebe zu einem Mann, während die Männer in den Werken des Komponisten immer eher schwach erscheinen. Auch im Privatleben war Puccini dem weiblichen Geschlecht nicht abgeneigt. Im Gegenteil! Ein brisantes Thema, das von den italienischen Puccini-Hagiografen erst seit einiger Zeit umfassend thematisiert wird.

Erst 2008, also zum 150. Geburtstag des Maestro, enthüllte ein Dokumentarfilm von Paolo Benvenuti mit dem Titel »Puccini e la fanciulla« (»Puccini und das Mädchen«) diese schlüpfrige Seite des eher unbekannten Privatlebens des Komponisten. Zu seinen Geliebten gehörte übrigens auch eine junge Frau aus Bayern mit Namen Josephine von Stengel.

Im Jahr 1891 ließ sich der umschwärmte Meister mit seiner Gattin in **Torre del Lago** nieder – unweit seiner Heimatstadt Lucca, am romantisch gelegenen See von Massaciuccoli, in einer standesgemäßen Villa mit Personal. 1909 kam es in Torre del Lago zu einem handfesten Skandal, der selbst den in Sachen Frauen eher gelassenen Puccini erschütterte. Mit nur 23 Jahren hatte sich seine Hausangestellte **Doria Manfredi,** die die Eifersucht von Puccinis Ehefrau Elvira nicht mehr aushielt, vergiftet. Dieses Drama vertiefte den Graben zwischen den Eheleuten und führte zu Problemen mit der Justiz.

Obwohl Puccini seit Jahrzehnten mit Elvira Bonturi zusammenlebte, die er nach dem Tod ihres Mannes endlich heiraten konnte, pflegte der Musiker immer wieder außereheliche Beziehungen zu anderen Damen. Berühmt wurden Elviras lautstarke Eifersuchtsanfälle – auf die er mit Treueschwüren antwortete, die er dann doch immer wieder brach.

Er ist immer noch ein Musikgott. Giacomo Puccinis Opern gehören neben denen von Giuseppe Verdi zu den am meisten aufgeführten Stücken in Italien.

Doria Manfredi hatte selbst kein Verhältnis mit Puccini. Das Hausmädchen der Puccinis fungierte allerdings als Kontaktperson zwischen dem Komponisten und einer jungen Frau. Der Komponist hatte die hübsche Signorina beim Jagen mit Freunden in den Sümpfen in der Nähe von Torre del Lago kennengelernt. 1908 komponierte er »La fanciulla del West«, und seine Geliebte soll die Muse für dieses Werk gewesen sein. Ehefrau Elvira kam der Lovestory auf die Spur, und kurz darauf vergiftete sich Doria. Der Skandal war perfekt. Nicht klüger geworden nach diesem Vorfall, der in den italienischen Zeitungen für großes Aufsehen sorgte, führte der Komponist seine außerehelichen Beziehungen weiter fort.

In Torre del Lago frönte Puccini auch einer anderen Leidenschaft, die ihm nie Probleme, sondern nur Freude bereitete: schnelle Autos. Er besaß den ersten Geländewagen überhaupt. Von Vincenzo Lancia ließ er sich so ein Auto nach seinen ganz persönlichen Ansprüchen bauen. Puccini war es nicht vergönnt, in seiner geliebten Umgebung in der Toskana zu sterben. 1924 verschied der starke Raucher in Brüssel an einem Krebsleiden.

⑥ *Elegant und prächtig*
RISTORANTE CAFFETTERIA SAN COLOMBANO c3

Ein durchgestyltes Ambiente bei den alten Stadtmauern. Sehr schick, und es stimmt sogar die Küche. Traditionelle Gerichte werden zum Teil kreativ interpretiert. Perfekt für einen stilvollen Abend.

Rampa Baluardo San Colombano, 10 | Tel. 05 83 46 46 41 | www. caffetteriasancolombano.it | tgl. 12–22.30 Uhr | €

Kreative Küche vom Feinsten
RISTORANTE BUTTERFLY B3

Etwas außerhalb im Grünen, bei gutem Wetter wird im schön ausgeleuchteten Garten gespeist, werden in diesem fantastischen Feinmeckerlokal Gerichte serviert, die sich immer zwischen regionaler Tradition und überraschender Kreativität bewegen. Deshalb sollte man unbedingt das Menü »Tra la tradizione e l'innovazione« probieren. Dass der Weinkeller ein Traum ist, versteht sich von selbst!

Marlia/Lucca | Via Statale, 12 | Tel. 05 83 30 75 73 | www.ristorante butterfly.it | €€€

Fleischlastig
LA GRIGLIA DI VARRONE südl. a3

In einer Region, die für ihr ausgezeichnetes Fleisch berühmt ist, darf natürlich ein Steak House nicht fehlen. Neben toskanischen Filets werden hier auch japanisches Wagyū, texanisches Black Angus und kanadischer Bison serviert. Für Vegetarier gibt es Salat- und Nudelgerichte.

Località San Concordio | Viale Europa, 797 f | Tel. 05 83 58 36 11 | www.lagrigliadivarrone.it | So geschl. | €/€€

Ein Geheimtipp
ANTICA OSTERIA DI MEATI B3

Hier gehen vor allem Einheimische essen, wenn sie es schnell und herzhaft haben wollen. Ausgezeichnet sind die frittierte Polenta und die Käsegerichte mit Wildspargel und Steinpilzen. Unbedingt probieren: die Tortellini mit Taubenfleischfüllung. Es gibt eine einfache Weinliste. Ein simples Lokal, aber die Speisen sind ausgezeichnet.

Via della Chiesa Ottava, 1245 | Tel. 05 83 51 03 73, mobil 34 77 23 31 79 | http://osteriadimeati.jimdo. com | Mo geschl. | €

*Fisch und Fleisch auf
dem Land*
VIGNA ILARIA B3
Traditionelle Gerichte mit
kreativem Touch in einem
Landhaus außerhalb Luccas.
In der warmen Jahreszeit isst
man im Garten, im Winter
vor einem gemütlichen Ka-
min. Tolle Kombination aus
Meeres- und Landküche, z. B.
die ausgezeichneten Tintenfi-
sche mit geräuchertem Bauchspeck, Thymian und Zitronen.
Via per Pieve San Stefano, 967 c |
Tel. 05 83 33 20 91 | www.locanda
vignailaria.it | nur abends, So auch
mittags | €

Einkaufen

⑦ *Exklusive Adresse für
Feinschmecker*
LA CACIOTECA c1
Dieses Feinkostgeschäft für
Käse liegt in einer der schöns-
ten Straßen von Lucca. Im
Angebot sind rund 150 Käse-
sorten. Der Duft in dem klei-
nen Laden ist betörend!
Via Fillungo, 342 | Tel. 05 83 49
63 46

⑧ *Alles handgemacht*
**LA TELA DI PENE-
LOPE** c2
Die Kooperative entstand,
um die uralte Tradition der
Stoffherstellung in der Luc-
chesia wiederzubeleben. Die
Boutique zeigt die schönsten
Stoffmuster, die allesamt von
Hand produziert werden.
Via Anfiteatro, 37 p | mobil 33 58 06
07 08 | www.penelopecooperativa.it

⑨ *Trödel vom Feinsten*
**MERCATO
ANTIQUARIO** c2
Einer der reizvollsten Anti-
quitätenmärkte der Region,
auch für eher anspruchsvolle
Sammler – immer am dritten
Wochenende des Monats.
Östl. der Piazza Napoleone,
Sa 7–19, So 9–19 Uhr

VILLEN DER LUCCHESIA

Die Patrizier und Adligen Luccas besaßen wie die Medici in Florenz prächtige Landvillen für ihre Sommerferien in den Hügeln
der Umgebung. Einige dieser rund 250 Anlagen können besichtigt werden. Das ist besonders reizvoll, weil diese Residenzen
zumeist von herrlichen Parkanlagen umgeben sind. Einen Über-
blick über die Villen verschafft www.villeepalazzilucchesi.it.

Sehenswertes

VILLA MANSI B3

Ein Leckerbissen für Parkliebhaber. Rund um die Villa aus dem späten 16. Jh., die von dem piemontesischen Starbaumeister Juvarra im 18. Jh. umgebaut wurde, breitet sich ein Park aus, der neben einem streng geometrischen italienischen auch einen typisch englischen Landschaftsgarten umfasst.

Capannori, Segromigno in Monte (12 km nordöstl. von Lucca) | Via delle Selvette, 242 | Tel. 05 83 92 02 34 (Öffnungszeiten erfragen) | Eintritt 6 €

VILLA REALE DI MARLIA B3

Hier residierten erst die Bischöfe von Lucca, dann Napoleons Schwester Prinzessin Elisa Baciocchi, später Italiens König Viktor Emanuel II. Seit Jahren ist die prächtige neoklassizistische Anlage im Besitz einer Adelsfamilie. Diese gestattet Besuchern nur die Besichtigung der Parkanlage.

Marlia (10 km nordöstl. von Lucca) | Tel. 0 58 33 01 08 | www.parcovilla reale.it | März–Okt. tgl. 10–18, Nov.–Feb. So 10–16 Uhr | Eintritt 7 €

VILLA TORRIGIANI DI CAMIGLIANO B3

Die im 16. Jh. errichtete, verspielt gestaltete barocke Villa ist von einem zauberhaften englischen Landschaftsgarten umgeben. Nicht weit davon entfernt bietet der Park auch noch einen prächtigen Garten im klassisch-italienischen Stil.

Capannori (13 km nordöstl. von Lucca) | Via del Gomberaio, 3 | Tel. 05 83 92 80 41 | Mi–Mo 10–13, 15–19, im Winter 10–12, 15–17 Uhr | Eintritt Park 7 €, mit Villa 10 €

COLLODI B3

2700 Einwohner

Nicht nur bei Kindern kommt der **Parco di Pinocchio** ausgezeichnet an. Der Erlebnispark erzählt auf auch für Erwachsene witzige Weise die Geschichten des Holzmännchens in Form von Skulpturen und Installationen nach. In dem kleinen Ort wuchs Carlo Collodi (1826–1890) auf, der Autor des berühm-

Pinocchios lange Nase ist noch heute ein Synonym für Lügen und Lügner, und die hölzernen Puppen finden sich in beinahe jedem italienischen Kinderzimmer.

ten Kinderbuchs. Zu besichtigen ist auch die barocke Villa Garzoni (17. Jh.) mit ihrem zauberhaften Garten.

– Parco di Pinocchio | Via S. Gennaro, 3 | Tel. 0 57 24 29 93 42 | www.pinocchio.it | März–Okt. tgl. 8.30 Uhr bis Sonnenuntergang, Nov.–Feb. ab 10 Uhr bis Sonnenuntergang | Eintritt 11 €

– Villa Garzoni | Piazza della Vittoria, 1 | Tel. 05 72 42 73 14 | März–Okt. tgl. 9 Uhr bis Sonnenuntergang, Nov.– Feb. tgl. 10 Uhr bis Sonnenuntergang | Eintritt 13 €

BAGNI DI LUCCA B2

6200 Einwohner

Eine der ältesten und eindrucksvollsten Brücken Italiens, die »Teufelsbrücke« aus dem 11. Jh., befindet sich in der Nachbarschaft dieser kleinen Ortschaft. Der in die Jahre gekommene, aber nach wie vor sehr hübsche Kurort war in früheren Zeiten bei Europas intellektueller Elite ein Begriff.

Die immer noch funktionstüchtige Teufelsbrücke über den Fluss Serchio ist ein gutes Beispiel für die hohe Qualität mittelalterlicher Baukunst in der Toskana.

BARGA B2

10 000 Einwohner

Nördlich von Lucca liegen die Apuanischen Alpen mit dichten Wäldern und vielen Wanderwegen. Das nur wenig touristische Barga ist eine kleine, romantische Ortschaft, die man über treppenartig angelegte Gassen erklimmen muss – nichts für Gehfaule. Der am höchsten Punkt gelegene romanische, wie eine Burg wirkende und in seinem Inneren schön schlichte Dom **San Cristofano** besitzt Kunstwerke aus dem 12. bis 15. Jh. Hinter dem Hauptaltar steht ein selbst für die an Kunst reiche Toskana sehr seltenes Kunstwerk: eine Holzfigur des Heiligen Christophorus aus dem 9. Jh.

GARFAGNANA A/B2

Diese wilde Berglandschaft ist immer noch und zum Glück ein echter Geheimtipp. Kleine, mittelalterliche Orte in wildromantischer Umgebung wechseln sich mit dichten Wäldern und herrlichen Aussichtspunkten ab. Unbedingt zu besichtigen, auch ideal mit Kindern, ist die Tropfsteinhöhle **Grotta del Vento.** Pullover mitnehmen: Drinnen herrschen ca. 10 °C.

Fornovolasco | Tel. 05 83 72 20 24 | www.grottadelvento.com | tgl. 10–18 Uhr stündliche Führungen | Eintritt 9–20 €

CAMAIORE A3

32 500 Einwohner

Zwischen den rauen Bergen der Apuanischen Alpen und den Sandstränden der Küste liegt diese reizvolle Ortschaft. Das Zentrum ist etwa 9 km vom Meer entfernt. Die **Collegiata,** die wichtigste Kirche Camaiores, ist ein Werk des 13. bis 14. Jh. Das Battistero mit einem Taufbecken des 16. Jh. kann auf Anfrage beim Küster besichtigt werden. Interessant ist das **Museo d'Arte sacra** an der Piazza Diaz. Es stellt nicht nur italienische Kunst aus dem 14. bis 17. Jh., Skulpturen und Gemälde, sondern auch Meister der flämischen Schule aus.

Museo d'Arte sacra | Via IV Novembre, 71 | www.museoartesacra camaiore.it | Okt.–Mai Do–Sa 15.30–18, So 10–12, Juni–Sept. Di, Do, Sa 16–19.30, So 10–12 Uhr

MERIAN EMPFEHLUNG

FORTE DEI MARMI A3

7500 Einwohner

In der ersten Hälfte des 20. Jh. war Forte ein sehr elegantes Seebad. Noch heute präsentiert es sich als eines der gepflegtesten wie auch exklusivsten Familienbäder Italiens. Der 4 km lange und saubere Strand hat eine ausgezeichnete Infrastruktur. Es gibt komfortable Hotels in Strandnähe. In früheren Jahrhunderten wurde von hier aus der Carrara-Marmor verschifft.

MERIAN TOP 10

RIVIERA DELLA VERSILIA A2/3

Hier urlaubten um die Wende vom 19. zum 20. Jh. und dann bis in die 1950er-Jahre hinein die FIAT-Dynastie Agnelli und Schriftsteller wie Thomas Mann. Heute gilt dieser Küstenabschnitt zwischen Massa und Camaiore mit den berühmten und gepflegten Badeorten **Forte dei Marmi**, **Lido di Camaiore** und **Marina di Pietrasanta** als eines der bestorganisierten, gepflegtesten und immer noch eleganten Urlaubsgebiete Italiens mit einer ausgezeichneten Wasserqualität.

Nach **Viareggio** kommt man im Frühjahr zum Karneval. Dieses mehrere Tage dauernde Fest mit aufwendigem Umzug ist in ganz Italien ein Begriff und im ansonsten karnevalsträgen Italien ein Unikum. Berühmt-berüchtigt sind die thematischen Karren mit deftiger Kritik an Politikern.

In jedem Sommer werden im kleinen Ort **Torre del Lago** Opern von Puccini aufgeführt. Unter freiem Himmel, also elektronisch verstärkt, was den strengen Opernpuristen immer wieder sauer aufstößt. Nicht vergessen: das reich ausgestattete Privatmuseum des Komponisten in der **Villa Puccini.**
– Fondazione Festival Pucciniano | www.puccinifestival.it
– Villa Museo Puccini | Viale G. Puccini, 266 | Tel. 05 84 34 14 45 |
www.giacomopuccini.it | Di–So 10–12.40, 15–18.20 Uhr | Eintritt 7 €

⬤ IM VORBEIGEHEN ENTDECKT

DIE MASKEN DES IGOR MITORAJ A3

Der 2014 verstorbene polnische Bildhauer liebte Italien. Er liebte die Piazzen, die von den Bürgern rund um die Uhr genutzt werden. Und deshalb war er immer wieder froh, wenn er solche belebten Plätze mit seiner Kunst bereichern konnte. In **Pietrasanta** etwa, wo er für den Domplatz riesige Masken aus Stahl schuf. Selbst vorbeieilenden Touristen entgeht nicht die visuelle Dialektik zwischen zeitgenössischer Kunst und Mittelalter.

CARRARA A2

63 100 Einwohner

Aus blütenweißem Marmor aus Carrara wurden Roms Tempel errichtet, schuf Michelangelo seine Skulpturen und bauen sich heute arabische Ölmilliardäre ihre Villen. Der Marmorabbau kann besichtigt werden. Carraras herrlicher **Dom** (11.–14. Jh.) ist natürlich ganz aus lokalem Marmor, und im **Museo Civico del Marmo** wird die lange Geschichte des Steins nacherzählt.

Unbedingt besuchen, weil die zerschnittene Berglandschaft umwerfend ist: die **Cave di marmo di Colonnata,** ca. 7 km nordöstlich von Carrara in fast 600 m Höhe. Hier wird Marmor

Der Bildhauer Igor Mitoraj war fasziniert von der Maremma, wo er sich lange aufhielt und wie hier in Pietrasanta, zahlreiche Werke hinterließ.

abgebaut, und man kann bei dieser Knochenarbeit zuschauen. Sehenswert ist auch das Cava Museo, in dem alles, was mit Marmorgewinnung und -verarbeitung zu tun hat, thematisiert wird.
– Duomo | Piazza Duomo, 3 | Tel. 0 58 57 19 42 | tgl. 7–12, 15.30–19 Uhr
– Museo Civico del Marmo | Via XX Settembre, 85 | Tel. 05 85 84 57 46 | www.musei.carrara.ms.gov.it | Juni–Mitte Sept. Di–So 10–18, Mitte Sept.–Mai Di, Mi 9.30–12.30, Do–So 9.30–12.30, 15–17 Uhr | Eintritt 5 €
– Cava Museo | Località Fantiscritti | Tel. 0 58 57 09 81 | www.cavamuseo.com | Führung nach vorheriger Anmeldung 10 €

PONTREMOLI westl. A1

7400 Einwohner
Die interessanteste Kommune der Toskana im Nordwesten. Das Örtchen kennt man in Italien vor allem wegen seines angesehenen Buchpreises »Premio Bancarella«, der von lokalen Buchhändlern vergeben wird. Doch auch der historische Innenstadtkern lohnt einen Ausflug von der Küste her. Vor allem für Liebhaber rätselhafter archäologischer Funde: Im **Museo delle Statue Stele Lunigianesi** im Castello werden Figuren ausgestellt, die nur andeutungsweise menschliche Züge haben. Noch streiten sich Experten, aus welcher Zeit diese Stelen stammen.
Museo delle Statue Stele | www.statuestele.org | März–Sept. Di–So 9–12.30, 15–18, Okt.–April Di–So 9–12.30, 14.30–17.30 Uhr | Eintritt 5 €

Schirmpinienalleen, oft schnurgerade und umgeben von romantischer Landschaft, prägen in
der Maremma noch immer das Landschaftsbild.

TOUREN UND AUSFLÜGE

AUSFLUG
Vetulonia und die Etrusker – durch das Land des rätselhaften Volkes

Mit dem Wagen und – besonders reizvoll – zu Fuß geht es durch eine immer noch naturbelassene und oft verwunschene Landschaft mit antiken Ruinen aus der Zeit vor den Römern. Eine Gegend, in der archäologische Grabungsstätten nicht selten noch mitten in der Natur liegen.

Start: Marina di Castagneto oder Marina di Grosseto, **Ziel:** Vetulonia, **Dauer:** 1 Tag, **Länge:** Rundfahrt und Rundgang bei Vetulonia ca. 10 km, **Auskunft:** www.museidimaremma.it

Es ist nicht weit zu den Ruinen von Vetulonia. Eine halbe Stunde mit dem Wagen über die Autobahn muss man allerdings schon einplanen, wenn man beispielsweise von Marina di Castagneto oder Marina di Grosseto kommt. Aber auch von Siena aus lohnt sich ein Ausflug nach Vetulonia. Unterwegs sollten Sie unbedingt bei der **Abbazia di San Galgano** (→ S. 139) anhalten, der eindrucksvollsten Kirchenruine der Toskana.

EINE BEDEUTENDE ETRUSKERSIEDLUNG

In **Vetulonia** taucht der Besucher in eine andere Welt und historische Dimension ein. Auch wenn inzwischen viel bekannt ist über das Volk der Etrusker und man ihre Schrift nahezu komplett entschlüsselt hat, so geht von dieser Kultur, die vor den Römern die Toskana besiedelte, ein ganz besonderer Zauber aus. Diesem Zauber kann man in Vetulonia und seiner Umgebung nachspüren – bei einem etruskischen Tagesausflug.

Dem römischen Geschichtsschreiber Dionysios von Halikarnassos zufolge, er lebte zur Zeit von Kaiser Augustus, war Vetulonia schon im 7. Jh. v. Chr. besiedelt. Im 4. Jh. eroberten die Römer von Süden aus auch diese Stadt, die für die Kontrolle des toskanischen Küstenstreifens strategisch nützlich war.

Vor allem im Süden der Toskana finden sich viele Stätten der Etrusker mitten in der Natur und können, wie etwa in Vetulonia, bequem erwandert werden.

ATRIUMHÄUSER AN DER VIA DECUMANA

Östlich der sich von Norden nach Vetulonia heraufschlängelnden Straße und kurz vor dem Eingang ins Dorf, das immer noch ganz mittelalterlich geprägt ist, macht man beim etruskischen Ausgrabungsfeld der **Via Decumana** halt. Dieser Ort wird von den Einheimischen auch Via dei Ciclopi genannt. Aus gutem Grund, denn die Grundmauern dieser erst Ende des 19. Jh. wiederentdeckten Atriumhäuser waren aus gigantischen Steinblöcken zusammengesetzt worden.

Beim näheren Betrachten der spärlichen Ruinen dieser Häuser wird das Typische dieser Wohngebäude deutlich: Der Eingangsbereich ist geradezu schlauchartig eng. Erst durch ein Vorzimmer gelangte der Besucher in das Atrium, den offenen Hauptraum der Anlage. Diesen etruskischen Grundriss entwickelten die Römer später bei ihren Villen weiter.

DIE ZYKLOPENMAUER

Gegenüber den Grundmauern der Atriumhäuser erheben sich die grandiosen Reste der sogenannten **Zyklopenmauer.** Auch wenn der Mauerrest nur rund 5 m breit ist, vermittelt er einen faszinierenden Eindruck von diesem ehemaligen Bollwerk, das

In das Etruskergrab Tomba del Diavolo aus dem 7. Jahrhundert v. Chr. führt ein 40 Meter langer Korridor. Viele der Stätten in Vetulonia stehen Besuchern offen.

sich seinerzeit rund um Vetulonia erhob. Die Gegend wirkt fast immer verschlafen und übt zu jeder Jahres- und Uhrzeit einen ganz besonderen Charme aus. Es ist eine Atmosphäre, die an vergangene Zeiten erinnert, als die meisten der Bauern hier noch im Halbpachtsystem lebten, das in der Toskana übrigens erst in den frühen 1970er-Jahren aufgehoben wurde.

Wirklich interessant ist das **Museo Archeologico Isidoro Falchi**. Der Archäologe Falchi ist für die Wiederentdeckung vieler etruskischer Ruinen Ende des 19. Jh. verantwortlich. In der Kaffeebar beim Museum lässt sich man sich am besten den Weg zur Nekropole erklären. Der ist zwar nicht schwer zu finden, aber die Bewohner von Vetulonia sind sehr stolz auf ihre archäologischen Reste und extrem hilfsbereit, wenn es darum geht, vor allem ausländischen Gästen den Weg zu zeigen.

13 MERIAN EMPFEHLUNG

VETULONIA → VIA DEI SEPOLCRI

Etwa 3 km nordöstlich von Vetulonia, alles ist gut ausgeschildert, erreicht man eine Sandpiste mit dem Namen **Via dei Sepolcri,** die Gräberstraße. Ganz in der Nähe liegt die Nekropole. Der ganz besondere Reiz der archäologischen Zone hat seinen Grund in der Kombination aus etruskischen Grabanlagen, fast alle stammen aus dem 7. Jh. v. Chr., und einer bukolischen Natur. Frühmorgens oder am späten Nachmittag hat man das archäologische Areal fast für sich allein.

Die **Tomba del Diavolino,** das Teufelchengrab, hat einen Durchmesser von nahezu 80 m. Der Name stammt von einer diabolisch anmutenden kleinen Figur, die hier gefunden wurde und wohl den Totenwächter Charun darstellt. Der große Tumulus ist nahezu komplett mit Olivenbäumen bedeckt. Ein Olivenhain auf einer antiken Grabstätte – idyllischer geht es wohl kaum. Nicht wenige Besucher machen deshalb an dieser Stelle unter den silbergrünen Blättern der Olivenbäume ein Mittagspicknick. Der Ort könnte dafür nicht besser geeignet sein! Noch ein genereller Tipp: Besuchen Sie etruskische Gräber besser nicht mit Badeschlappen oder gar barfuß. Nicht selten verstecken sich in den feuchtkühlen Innenräumen Tiere, beispielsweise Schlangen und Skorpione.

TOMBA DEL DIAVOLINO → TOMBA DEL BELVEDERE

Nicht weit entfernt befindet sich die **Tomba del Belvedere**. Sie ist der eindrucksvolle Rest einer quadratischen Grabkammer, deren Entstehungsdatum unklar ist. 60 m Durchmesser hat die **Tomba della Pietrera**. Ihr Eingangskorridor ist 28 m lang. Sie präsentiert sich dem Besucher als ca. 14 m hoher Erdhügel, der ebenfalls bewachsen ist. Der Innenraum birgt eine Überraschung: Er besteht aus zwei Grabkammern, einer runden und einer leicht rechteckigen. Die eine liegt dabei über der anderen. Das ist auf etruskischen Friedhöfen eher eine Seltenheit. Erklärt wird dieses Kuriosum mit dem Umstand, dass die Decke des ersten Raums noch zur Zeit der Etrusker zusammenstürzte und man darauf einen zweiten errichtete.

Egal welche etruskische Nekropole man in der Toskana besucht: Fast alle liegen in ländlicher Umgebung und müssen zu Fuß erkundet werden – was allerdings auch sehr angenehm sein kann. Nie Verpflegung und Getränke vergessen. Und wie gesagt: Immer festes Schuhwerk mitnehmen!

AUSFLUG

Maremma – Küste zwischen Meer und Hügeln mit reichen Naturschätzen

Ein Landstrich mit besonders vielen Naturschutzgebieten und immer noch ein Stück Toskana für Eingeweihte. Die Maremma ist noch nicht »in«, vor allem nicht das waldreiche Hinterland. Weniger als 30 Autominuten verbinden wildromantisch in der Natur gelegene Dörfer mit eleganten Seebädern.

Start: Follonica, **Ziel:** Porto Ercole, **Dauer:** 1 Tag, **Länge:** ca. 180 km, **Auskunft:** www.tuttomaremma.com

»Warum ausgerechnet die Maremma?« Piero versteht die Frage nicht ganz. Der rund 50-Jährige sitzt stolz im Sattel seines Pferdes, des sogenannten *maremmano*, und schüttelt seinen Kopf über die dumme Frage. »Schauen Sie sich doch um«, sagt er und streichelt sein Pferd, das wie alle Maremmano-Pferde wild geboren wurde und erst gezähmt werden musste.

Piero ist ein *buttero*. So nennt man in der Toskana die Cowboys, die sich um die Herden der breithörnigen Maremma-Rinder kümmern. Und wie ein echter *buttero* ist Piero mit einer Peitsche ausgerüstet und in eine Cordjacke gekleidet. Auf dem Kopf trägt er eine schwarze Kappe. Wenn es regnet, hüllt er sich in einen breiten Mantel, *pastràno* genannt, der ein wenig an die Ponchos der Gauchos erinnert.

Pieros Einsatzort ist an diesem Tag ein wildromantischer Strandabschnitt im Parco Nazionale della Maremma und einer der schönsten, weil naturbelassensten Orte der Toskana – ein sauberer Küstenabschnitt südlich der Provinzhauptstadt Grosseto. Der große Naturpark gehört zur Maremma, jenem toskanischen Küstenabschnitt, der sich zwischen **Follonica** im Norden und **Capalbio** im Süden erstreckt. Von Siena oder der Umgebung aus erreicht man die Maremma in kurzer Zeit. Die Landschaft eignet sich ideal für einen Tagesausflug.

Die Marremma-Küste, hier in Castiglione della Pescaia, ist an vielen Orten noch recht beschaulich und vom Massentourismus noch nicht entdeckt worden.

FOLLONICA → CASTIGLIONCELLO DELLA PESCAIA

Eine Tour könnte im Norden, in Follonica, beginnen. Diese Kleinstadt hat nicht viel zu bieten, dafür aber eine tolle Umgebung mit viel unberührter Natur. Die **Riserva Naturale Dune di Follonica** fasziniert mit sandigen Dünen und Pinien direkt am Strand. Und es wird noch viel besser kommen!

Südlich von Follonica stößt man auf die Straße SP Punta Ala. Von hier aus geht es auf die ungemein malerische und bis in Strandnähe mit Bäumen bewachsene Halbinsel mit dem kleinen Hafen Punta Ala. Ein Jachthafen, umgeben von mediterraner Flora. Hinter Punta Ala ist man wieder mitten in der Natur. Bei Castiglioncello della Pescaia erstreckt sich über 10 km an der Küste die **Pineta del Tombolo:** zahllose Pinien direkt am Wasser! Ideal für einen Spaziergang im Sand. Die vielen Bäume laden an heißen Tagen zur erfrischenden Rast im Schatten ein.

Typische Maremma-Rinder mit ihren skurrilen Hörnern in den Grassteppen der südlichen Toskana. Sie finden sich bereits auf Fresken in etruskischen Gräbern.

CASTIGLIONCELLO DELLA PESCAIA → GROSSETO

Genau zwischen Castiglioncello della Pescaia und Grosseto liegt an der Strada Provinciale della Trappola die **Riserva Naturale Diaccia Botrona** (Tel. 38 90 03 13 69, www.maremma-online.it). Das Naturreservat umfasst rund 120 km² mit vielen Sümpfen und Pinien. Die bis zu 40 cm tiefen Sümpfe stehen in direktem Kontakt mit dem nahen Meer. Nicht selten waten hier im Wasser die mächtigen Büffel, kontrolliert von *butteri* wie Piero. Obwohl nicht an der Küste gelegen, lohnt ein Sprung nach **Grosseto**. Im **Museo Archeologico e d'Arte** sind einige wichtige Kunstwerke der Frührenaissance ausstellt.

GROSSETO → PARCO NATURALE DELLA MAREMMA

Von Grosseto aus geht es über die SS 1 Richtung Süden. Hier erstreckt sich eines der ausgedehntesten Naturschutzgebiete Italiens, der **Parco Naturale della Maremma** (www.parco-marem

ma.it). Der Park hat eine Fläche von etwa 9800 ha, immer entlang der Küste. Ein Wanderparadies! Mit dichten Pinienwäldern und Weiden, mit Binnenseen, kleine Dünen und Sümpfen. Hier brüten und leben zahllose geschützte Vogelarten.

Reizvoll ist außerdem, dass sich mitten in dieser abwechslungsreichen Natur von Menschen geschaffene Sehenswürdigkeiten finden, darunter Wachtürme aus pisanischer Zeit. Die Toskana wurde oft von räuberischen Sarazenen vom Meer aus angegriffen. Besonders schön sind die **Torre di Castel Marino** aus dem 13. Jh. wie auch die **Torre Cala di Forno** aus der Zeit von Medici-Fürst Cosimo I. Aus dem 11. Jh. stammt die beeindruckende **Abtei von San Rabano.** Die Klosterkirche ist als Ruine erhalten und wirkt ungemein romantisch.

PARCO NATURALE DELLA MAREMMA → CAPALBIO

Die südlich des Maremma-Parks gelegene **Riserva Naturale Laguna di Orbetello** (www.parks.it/riserva.laguna.orbetello) unterscheidet sich grundlegend von allen anderen Naturschutzgebieten der Maremma. Zu Wanderungen eignen sich Dünen und Pinienwälder, Sümpfe und Weideflächen. Die landschaftliche Vielfalt wird durch die geografische Vielschichtigkeit dieser Gegend verstärkt. Die Halbinsel **Monte Argentario** ist mit dem Festland durch zwei schmale Streifen Land verbunden.

Die Maremma endet im Süden bei **Capalbio.** Die mittelalterliche Ortschaft in den Hügeln unweit der Küste, mit historischem Ortskern und Wehrmauern, ist seit Jahren der sommerliche Rückzugsort vor allem der linken italienischen Schickeria. Wer baden will: Zum nahen Meer mit mehreren sauberen Sandstränden bei **Capalbio Marittima** ist es nicht weit.

Die Halbinsel **Monte Argentario** (→ S. 152) erreicht man vom Festland aus entweder von Albinia kommend über die nördliche Nehrung (Tombolo di Giannella) oder über die mittlere, als Damm verstärkte Landzunge von Orbetello. Der Hafen von Porto Ercole auf dem Monte Argentario wird von vier eindrucksvollen Festungsanlagen aus dem 16. Jh. überragt. Heute herrscht rund um die Stadt ein reger Badebetrieb.

Der Renaissancekünstler Giambologna schuf im Park der Villa Demidoff die 14 Meter hohe, von innen begehbare Skulptur des Colosso dell'Appennino.

AUSFLUG

Mugello – der unbekannte Norden von Florenz gilt als Vorgarten der Metropole

Eine raue und wilde Gegend, noch nicht glatt gekämmt für den typischen Toskanatouristen und ideal für Reisende, die eine noch recht ursprüngliche mittelitalienische Landschaft erleben wollen. Ein perfekter Ort auch für passionierte Radler und Wanderer. Hier ist es nirgendwo überlaufen.

Start und Ziel: Florenz, **Dauer:** 1 Tag, **Länge:** ca. 120 km, **Auskunft:** www.mugellotoscana.it

Florenz ist bis auf den Wintermonat Januar immer voll mit Touristen. Ganz anders sieht das im nahen, nordöstlich gelegenen Mugello aus, jenem berühmten Hinterland der Arno-Metropole, aus dem zahlreiche bekannte Florentiner stammen. Es ist ein Landstrich, den Touristen aus unbegreiflichen Gründen immer noch verschmähen – also ein Geheimtipp, für den man sich mindestens einen Tag und eine Nacht Zeit nehmen sollte.

FLORENZ → BARBERINI DI MUGELLO

Vom hektischen Florenz geht es schnell über die SP 65 ins Grüne, mit Bauernhäusern und herrschaftlichen Villen – wie beispielsweise die frühbarocke Parkanlage der **Villa Demidoff** aus der zweiten Hälfte des 16. Jh. Hier lustwandelte bereits Francesco I. de' Medici und beschäftigte sich mit der Planung von Wasserspielen. Der Park ist ein Meisterwerk der Gartenbaukunst mit riesigen Monsterskulpturen – ideal für einen Spaziergang.

Vorbei geht die Fahrt an bewaldeten Hügeln, wo Medici-Fürsten wie Francesco auf Jagd gingen. Die heutigen Bewohner des Mugello lieben ebenfalls die Jagd, insbesondere auf Wildschweine. Davon profitiert auch die lokale Küche. In den meisten Trattorien und Restaurants wird frisches Wildfleisch zu klassisch-regionalen Gerichten verarbeitet.

BARBERINI DI MUGELLO → CASTELLO DI TREBBIO

Die SP 65 führt weiter nach Barberini di Mugello, wo das **Castello di Cafaggiolo,** eine prächtige Medici-Villa, lockt. Hierher kehrten die Herren von Florenz immer gern zurück, wenn sie Nostalgie verspürten, wenn sie Sehnsucht nach ihren ländlichen Ursprüngen hatten und sich von dem mörderischen Spiel um die Erhaltung der Macht erholen wollten. Die Villa ist ein geschichtsträchtiger Ort mit einem Gespenst, das angeblich immer wieder Todesschreie ausstößt. Am 12. Juli 1576 wurde hier eine junge Frau ermordet. Von Killern, die ihr Mann Pietro de Medici geschickt hatte. Krank vor Eifersucht unterstellte er seiner Gattin einen Liebhaber. Später starb auch der Gatte durch den Dolch eines Mörders. Raue Zeiten!

Gleich in der Nachbarschaft erhebt sich das **Castello di Trebbio.** Hier wohnte einst als illustrer Gast Amerigo Vespucci, der als Seefahrer weite Teile der Ostküste Südamerikas erforschte. Er war 1476 aus Florenz geflohen, wo die Pest wütete. Der heutige Eigentümer besteht auf Privatheit, aber auch ohne Besichtigung ist das Castello traumhaft schön.

MONASTERO BOSCO AI FRATI → SCARPERIA

Nach den Burgen folgt nun ein Kloster, das **Monastero Bosco ai Frati.** Ein Geheimtipp! Die über 1000 Jahre alte Abtei mit Kreuzgang und Sakristei nennt ein Kruzifix ihr eigen, das wahrscheinlich von dem Renaissancebildhauer Donatello geschaffen wurde. Via SP 42 erreicht man **Scarperia.** Jedes Jahr am 8. September ziehen sich die Bewohner kostbare historische Gewänder über. Dann ist der Palio Diotto, ein historischer Umzug, angesagt. Dabei werden auch Messer herumgezeigt und stehen zum Verkauf. Scarperia hat sich seit Langem einen Namen für von Hand gefertigte Messer erworben (www. prolocoscarperia.it und www.diottoscarperia.it).

SCARPERIA → RABATTA

Über die SP 42 geht es bei San Pietro a Sieve auf die Landstraße SS 551 Richtung Vicchio. Beim Weiler Rabatta befindet sich linker Hand im Grünen die **Casa di Giotto.** Hier soll der spätere Maler als Kind Schafe gehütet haben – was man sich angesichts der idyllischen Gegend noch heute gut vorstellen kann.

Einige Schafe soll der heranwachsende Giotto auf einen Stein gemalt haben. Zufällig kam der angesehene Meister Cimabue vorbei, bereits ein berühmter Mann in jenen Jahren. Cimabue erblickte die Schafszeichnung, war hin und weg und nahm Giotto als Schüler in seine Florentiner Werkstatt auf.

VICCHIO → FLORENZ

Weiter auf der SP 551 gelangt man nach **Vicchio.** Hier ist einer der hervorragendsten toskanischen Olivenölproduzenten zu Hause. Paolo Pasqualis *extra vergine* sollte man am besten mit einer Scheibe frischem Weißbrot probieren. Nur so kann man die intensiven Geschmacksnoten voll genießen.

Pasquali bietet nicht nur Olivenöl an. In seinem höchst komfortablen Luxushotel **Villa Campestri,** auch »Olive Oil

Elegantes Landleben in bukolischem Ambiente: Die Villa Campestri ist ein typisch toskanisches Landhotel, wo Olivenöl und Wein aus eigener Produktion stammen.

Resort« genannt, kann man sich fast schon wie ein Medici auf Landurlaub fühlen. Eine betagte Villa mit 140 ha großer Parkanlage, Pool und fantastischer Küche (Via di Campestri 19/22, Tel. 05 58 49 01 07, www.villacampestri, 25 Zimmer, €€/€€€). Nicht ganz preiswert, aber vielleicht für eine Nacht?

Pasquali hat sich auch als gastronomischer Kreuzritter einen Namen gemacht, als jemand, der sich mit Händen und Füßen gegen das in den Supermärkten erhältliche Billigöl ausspricht. Doch das ist weiter auf dem Vormarsch, kommt immer häufiger aus der Türkei und aus Nordafrika und wird dennoch als *prodotto italiano* vermarktet. Bei Pasquali hingegen kann man sich sicher sein, ein Olivenöl zu erhalten, das garantiert aus lokalen Früchten gepresst worden ist.

Über Dicomano und vorbei an anderen winzigen Ortschaften – beim fast 1000 m hohen Monte Giovi auch durch ein Tal – gelangt man über Pontassieve wieder ins Arno-Tal. Immer am Fluss entlang geht's zurück nach Florenz, ins pralle Leben.

AUSFLUG

Elba – Perle im Mittelmeer und außerhalb der Sommersaison ein Paradies

Von wegen nur Strände! Elba, die größte Insel des toskanischen Archipels, ist ein ungemein vielfältiges Eiland. Hügelige und bergige Landschaften mit romantischen Dörfern locken im Hinterland der Strände. Ob mit dem Auto, dem Rad oder per pedes: Ein paar Tage sollte man schon einplanen.

Start: Portoferraio, **Ziel:** Marciana, **Dauer:** 1–2 Tage, **Länge:** ca. 100 km, **Auskunft:** www.visitelba.info

Machen Sie nicht den Fehler und halten die mit ihren 225 km² im Vergleich zu Sardinen nicht gerade riesige Insel für einen Winzling! Auf Elba kann man Tage damit verbringen, immer wieder Neues zu entdecken. Zwar platzt die Insel im Sommer vor Touristen aus allen Nähten. Im Winter hingegen wohnen hier weniger als 35 000 Menschen. Also ist es weitaus reizvoller, außerhalb der Hochsaison anzureisen.

① DIE INSELHAUPTSTADT PORTOFERRAIO

Sie kommen mit der Fähre in **Portoferraio** an, dem Hauptort der Insel. Hier musste der abgesetzte Napoleon ausharren. Die **Casa di Napoleone** gibt einen guten Einblick in das Ambiente, mit dem sich der einstige Kaiser der Franzosen vor Ort zufriedengeben musste. Eine weitere Residenz stand dem Gestürzten etwas außerhalb der Hafenstadt zur Verfügung: die prächtige Villa Napoleone. Besuchenswert ist in Portoferraio auch die lokale Pinacoteca Foresiana mit einer beachtlichen Gemäldesammlung aus dem 19. Jh., darunter Werke von Jacques-Louis David, Giovanni Fattori und Telemaco Signorini. Doch jetzt genug mit der urbanen Besichtigung! Elba ist ein zauberhaftes Naturparadies – vorausgesetzt, Sie kommen außerhalb der Sommermonate Juli bis Ende August. In der Hochsaison wird es schwierig werden, einsame oder nur wenig besuchte Gegenden zu finden.

② PORTOFERRAIO → SANT'ANDREA

Nehmen Sie im Westen von Portoferraio die einzige wichtige Landstraße der Insel. Sie wird Sie zielsicher rund um Elba führen, mit immer neuen Buchten, Aussichtspunkten, Bergen oder kleinsten Ortschaften, darunter das ungemein hübsche **Biodola** mit seinem breiten Sandstrand. Nicht zu Unrecht wird dieser Golf als einer der attraktivsten der Insel bezeichnet.

Beinahe genauso schön ist etwas weiter westwärts auf der Inselroute **Procchio** mit der gleichnamigen Bucht – ein breiter Strand mit gepflegten Strandbädern und ideal für Besucher, die es am Wasser bequem mögen. Von Procchio aus fahren Sie über eine pittoreske Straße, die sich an der Küste entlangschlängelt, zum kleinen Hafen **Marciana Marina.** Von hier aus bringt Sie unsere Route in die Berge, um sich anschließend in vielen Windungen wieder hinab nach **Sant'Andrea** zum Meer zu bewegen: eine Ortschaft mit Strand wie aus dem Bilderbuch. In der Nebensaison fühlt man sich wie im Paradies.

③ SANT'ANDREA → FETOVAIA

Entlang der Westküste stößt man oft auf verschwiegene Badebuchten. Parken Sie den Wagen irgendwo, lassen Sie aber nie Taschen oder Kleidungsstücke auf den Sitzen liegen. Mit gutem Schuhwerk, Badeschlappen sind nicht geeignet, erreichen Sie auch die einsamsten Buchten, wo Sie sogar während der Sommersaison nicht selten allein sein können. Nicht überall gibt es Sandstrände. An der Westküste zwischen **Colle d'Orano** und **Chiessi** dominieren Felsen: nichts für kleine Kinder und jene Badegäste, die bequem ins Wasser gleiten wollen. Eigentlich ist die gesamte Insel reizvoll, aber es gibt immer wieder Straßenabschnitte mit wenig Verkehr, wie zwischen **Pomonte** und **Fetovaia,** wo man bisweilen die Küste für sich allein hat. Man kann jederzeit anhalten, Fotos machen oder auch kleine Spaziergänge zu felsigen Buchten unternehmen.

④ FETOVAIA → MARINA DI CAMPO

Fetovaia an der Südküste bietet, direkt im Ort, wieder einen breiten und sauberen Sandstrand. Hier heißt die Küstenstraße Via della Costa und bringt Sie nach Seccheto. Kurz darauf folgt **Cavoli** mit seinem feinen Sandstrand. Ein Ort scheint schöner als der andere zu sein. Der südliche Teil von Elba ist dichter besiedelt als der Westen. Und doch können auch die Strände von **Marina di Campo** und **Campo nell'Elba,** mehr als 1 km lang, bedenkenlos zum Baden empfohlen werden. Auch hier gilt aber: besser die Sommersaison meiden …

Raue Natur kennzeichnet die südöstliche Spitze der Insel, mit schmalen Straßen und einsamen Badebuchten. Sie haben die Qual der Wahl, wenn es darum geht, sich einen schönen Ort zum Schwimmen oder Sonnenbaden auszusuchen.

⑤ ABSTECHER INS INSELINNERE

Jenseits des Strandlebens lassen sich aber auch ganz andere Routen auf Elba befahren, Straßen, die man so hier nie vermuten würde. Durch das Inselinnere, mit Bergen und wilden Tälern, führen kleine Wege zu Einsiedeleien. In einem Kastanienwald im Nordwesten bei Marciana erhebt sich in eindrucksvoller Einsamkeit, sogar in der Hochsaison, das **Romitorio di San Cerbone.** Man erzählt sich, dass der hl. Cerbone hier Zuflucht vor den wilden Horden des Langobarden Gummarith fand. Ein zauberhafter Ort! Die Kirche wurde im 15. Jh. errichtet.

Von der Ortschaft Marciana aus – fragen Sie am besten Einheimische nach der Route – führt ein kurzer Wanderweg mit Kreuzwegstationen zum **Santuario della Madonna del Monte.** Dieses katholische Heiligtum befindet sich am Fuße des Monte Giove. Hier wohnte im Sommer 1814 für 13 Tage Napoleon. Im Südwesten der Insel erheben sich bei Chiessi die malerisch gelegenen Reste der Kirche **Chiesa di San Bartolomeo** aus dem 13. Jh. in der Nähe des gleichnamigen Berges. Ein magischer Ort, nicht leicht zu finden und nur jenen Besuchern empfohlen, die gut zu Fuß sind. Aber man wird ein Fleckchen Erde vorfinden, das einen außergewöhnlichen Zauber ausstrahlt, so ganz anders als das Elba der Strände und Badebuchten.

Elba 🔟

WISSENSWERTES

Wenn kein Hochwasser herrscht laden die
Ufer des Arno beim Ponte Vecchio in Florenz
zu einem Spaziergang ein.

SERVICE

Anreise und Ankunft
Mit dem Auto
Für die Transitländer Österreich und Schweiz benötigen deutsche Reisende eine Vignette. Autobahnen sind in Italien kostenpflichtig und nicht preiswert. Alle anderen Schnellstraßen sind gratis.

Mit der Bahn
Von München aus geht es bequem durch Südtirol nach Florenz. Oder von Basel aus über Mailand. Infos erhält man im Florentiner Hauptbahnhof Santa Maria Novella oder in Pisa-Campo di Marte.

Mit dem Flugzeug
Urlauber landen in Florenz auf dem Aeroporto A. Vespucci (www.aeroporto.firenze.it) und in Pisa auf dem Aeroporto Galileo Galilei (www.pisa-airport.com).

Auskunft
In Deutschland, Österreich und der Schweiz
Italienische Zentrale für Tourismus ENIT
www.enit.de, www.enit.at, www.enit.ch

Firenzeturismo (zentrales Tourismusbüro)
Via Manzoni, 16 | Florenz | Tel. 0 55 29 08 32/3 | www.firenzeturismo.it

Buchtipps
Barbara Bronnen: Gebrauchsanweisung für die Toskana (Piper 2015). Die Schriftstellerin liefert eine wirklich lesenswerte Insidereinführung in Kultur, Geschichte und Gebräuche der Region.
Hermann Hesse: Bilder aus der Toskana – Von Florenz bis Siena (Insel 2010). Zwischen 1901 und 1914 bereiste der Literaturnobelpreisträger mehrfach die Toskana und zeichnete ein untouristisch eigenwilliges Bild der Region.
Reinhard Keller u. a.: Spaß mit Kunst und Kultur in der Toskana: Pollino und Pollina entdecken die Welt (edizione kappa 2016). Die beiden Protagonisten des Buches, die Geschwister Pollino und Pollina, nehmen den Leser bei drei Rundgängen durch Florenz an die Hand und erzählen interessante Geschichten von Menschen früher und heute.

Frances Mayes: Unter der Sonne der Toskana (Droemer Knaur 2004). Dieser Bestseller der US-Autorin spielt in Cortona, wo Mayes lebt, und löste einen Toskanaboom aus. Erzählt wird die Geschichte einer enttäuschten Amerikanerin, die in der Toskana ihr Glück sucht, Liebe findet und sich dort niederlässt.

Magdalen Nabb: Vita Nuova – Guarnaccias vierzehnter Fall (Diogenes 2009). Was Donna Leon für Venedig ist, war die Britin Nabb (1947–2007) für Florenz. Die Krimis um ihren schlitzohrigen, liebenswerten Kommissar Maresciallo Guarnaccia führen den Leser in das Innenleben der Stadt ein. Im Unterschied zu Donna Leon bietet Nabb mehr psychologischen Tiefgang, und ihre Figuren zeigen überraschendere Seiten.

Iris Origo: Im Namen Gottes und des Geschäfts. Lebensbild eines toskanischen Kaufmanns der Frührenaissance (Wagenbach 2009). Die Charakterstudie eines Geschäftsmanns, der typisch für das Bürgertum im Florenz der Renaissance ist – anhand von Originaldokumenten. Zwar ein historisches Sachbuch, dennoch liest es sich einfach. Das Buch erklärt auf faszinierende Weise, wie es der Klasse gewitzter Kaufleute gelang, aus der Toskana eine der fortschrittlichsten Gegenden in Europa zu machen.

Andrea Thiele: Ein Jahr in der Toskana – Reise in den Alltag (Herder, 2009). Die Journalistin berichtet von ihren alltäglichen und teils höchst amüsanten Erlebnissen nach ihrem Umzug in die Toskana. Eine entspannende Lektüre für den Strand.

Außerdem ist zu Florenz und der Toskana ein **MERIAN-Magazin** erhältlich (2017).

Diplomatische Vertretungen

Konsulat der Bundesrepublik Deutschland

Florenz | Corso dei Tintori, 3 | Tel. 05 52 34 35 43 | E-Mail: florenz@hk-diplo.de | Mo–Fr 9.30–12.30 Uhr

Konsulat Österreichs

Florenz | Lungarno A. Vespucci, 58 | Tel. 05 52 65 42 22 | Mo–Fr 10–12 Uhr

Konsulat der Schweiz

Florenz | c/o Hotel Park Palace | Piazzale Galileo, 5 | Tel. 0 55 22 24 34 | Di–Fr 16–17 Uhr | www.eda.admin.ch/roma

Feiertage
1. Januar Capodanno
(Neujahr)
6. Januar Epifania di Gesù
(Dreikönigstag)
Ostermontag Pasqua
25. April Anniversario della
Liberazione (Jahrestag der
Befreiung von der deutschen
Besatzung)
1. Mai Festa del Lavoro
(Tag der Arbeit)
15. August Ferragosto
(Mariä Himmelfahrt)
1. November Festa di Ognis-
santi (Allerheiligen)
8. Dezember Immacolata
Concezione (Mariä Emp-
fängnis)
25. Dezember Natale
(Weihnachten)

Links und Apps
Links
www.toskana-online.de
Generelle Reiseinfos in deutscher Sprache und wichtig
zur Vorbereitung der Reise.
Viele Tipps für den preiswerten Urlaub (Campingplätze,
Jugendherbergen etc.).

www.visittuscany.com
Offizielle Webseite der Region Toskana und auf nachhal-
tigen Tourismus fokussiert.
Auch in deutscher Sprache.

Wirklich gut für Informationen aus diversen Bereichen
wie Wellness, Kurse, Museen
etc. Viele Kontaktinfos.

www.regione.toscana.it
Alles Wichtige über die Toskana, allerdings nur in Italienisch. Es handelt sich um die
offizielle Website der Regionalverwaltung, es werden viele logistische Informationen
geboten, die zur Vorbereitung
einer Reise oder in Notsitua-
tionen hilfreich sein können.

www.museicivicifiorentini.it
Auch auf Deutsch: Aufgelistet
und gut beschrieben werden
sämtliche städtischen Muse-
en von Florenz. Interessant
sind Darstellungen kleinerer,
selten besuchter Museen.

www.ilnavicello.it
Nur in Italienisch. Viele De-
tails zu Pisa und Lucca. Reiz-
voll: Informationen über eine
Dampferfahrt auf dem Fluss
Arno in Florenz und bei Pisa.

www.elba-online.com,
www.aptelba.it
Auch auf Deutsch: die wichtigsten Infos über Elba, von
Essen bis Wandern. Das offizielle Elba-Portal.

www.cioccolosita.it
Drei Tage Schokoladenfestival in Monsummano Terme, das zum sogenannten Choco-Valley mit einer Vielzahl von Chocolatiers gehört.

www.renaioli.it
Lust auf eine Bootstour auf dem Arno bei Florenz? Auf dieser Site stellt sich der lokale Ruderclub mit seinen sommerlichen Ausflügen vor.

www.terresiena.it
Alle wichtige Infos zu Siena und Umgebung. Kurios: das Angebot von »Urban Trekking« – Wanderungen über die Hügel der Innenstadt.

www.parchinaturali. toscana.it
Die Toskana hat herrliche Naturparks. Hier erfährt man viel Wissenswertes darüber. Eine wichtige Hilfe zur Vorbereitung von Wanderungen.

www.adsitoscana.it
Die Website gibt Infos über sämtliche historische Villen und Residenzen der Toskana, nach Unterregionen geordnet, die besichtigt werden können. Man erfährt auch einiges über Veranstaltungen in den Villen.

Apps
Firenze Giracittà – Audioguide
Diese App liefert wichtige Florenz-Informationen und führt zu historischen Monumenten durch die Stadt. In englischer und italienischer Sprache. Es gibt auch Ausgaben für Siena, Pisa und Lucca.
Für iOS und Android | 4,49 €

AppShopper Toskana
Organisiert von deutschsprachigen Toskanafans, die Auskunft zu Übernachtungen, Gastronomie, Veranstaltungen und Wetter bieten.
Für iOS und Android | gratis

Tuscany plus
Von der Region Toskana herausgegeben. Interaktive App, die, dank GPS, Informationen zu Orten und historischen Monumenten liefert, wenn diese über das Handy lokalisiert werden.
Für iOS und Android | gratis

VVC Card
Von der Regionalverwaltung publizierte App mit wichtigen Infos zur Toskana: Wetter, Audioguide, Veranstaltungen und Hilfe. Nur in Italienisch.
Für iOS und Android | gratis

Medizinische Versorgung Krankenversicherung
Bei Arztbesuchen und in öffentlichen Krankenhäusern reicht die Vorlage der Europäischen Krankenversicherungskarte (EHIC) plus Personalausweis. Als zusätzlicher Versicherungsschutz empfiehlt sich aber der Abschluss einer Auslandskrankenversicherung, da diese Krankenrücktransporte mitversichert.

Notruf
Polizei, Feuerwehr, Rettungsdienst: Tel. 112

Post
Italiens Briefkästen sind rot. Briefmarken gibt es bei der Post oder in den Tabakläden *(tabacchi)*. Eine Postkarte nach Deutschland, Österreich und in die Schweiz muss mit 0,75 € frankiert werden.

Reisedokumente
Zur Einreise reicht ein gültiger Personalausweis. Kinder unter 16 Jahren benötigen einen Kinderreisepass.

Reiseknigge
Alkohol: Italiener betrinken sich in der Regel nicht und mögen Ausländer nicht, die wegen erhöhten Alkoholkonsums über die Stränge schlagen. In der Tat: Fast nie sieht man betrunkene Toskaner.
FKK: Das Nacktbaden ist, wenn nicht ausdrücklich erlaubt, nicht erwünscht – es sei denn an bestimmten und als solche gekennzeichneten Strandabschnitten.
Kleidung: Urlauber sollten niemals in Shorts katholische Kirchen und Klöster betreten! Bisweilen wird man aufgefordert, die nackte Beinhaut zu bedecken. Das Gleiche gilt für nackte Oberkörper oder Schultern. Das Shoppen in Badeorten in Badehose oder Bikini gilt als unhöflich. Einige Versilia-Orte haben sogar Gesetze gegen halb nackte Gäste.
Mobiltelefon: Laute Signale sollte man in Restaurants herunterdrehen. Auch wenn Einheimische immer noch gern in ihre Handys schreien, setzt sich langsam, aber sicher der Trend zu einem diskreteren Sprechen durch.
Rauchen: Zwar umgehen Italiener sonst Regeln gern, doch das Rauchen ist an öffentlichen Orten wie Bars und Restaurants streng verboten. Wer das missachtet, muss mit einer Anzeige rechnen.

Im Restaurant: Wann ist die richtige Zeit für den Cappuccino? Ihren Cappuccino genießen Italiener zum Frühstück oder allerhöchstens am Nachmittag zu einem Stück Kuchen, aber nie nach dem Mittag- oder Abendessen.

Reisezeit

Die Toskana ist am schönsten und am wenigsten überfüllt zwischen März und Ende Juni und von Mitte September bis Ende Oktober. Aufgrund des Klimawandels, der sich in Italien seit einigen Jahren verstärkt bemerkbar zu machen scheint, kann es auch in Frühjahr und Herbst schlechtes Wetter geben. Für Kenner ist die Toskana besonders reizvoll im Januar und Februar, wenn ein besonders klares Licht herrscht. Im Winter kann es auch recht kalt werden (bis zu - 10 °C). Richtig heiß wird es im August (maximal 40 °C).

Sicherheit

Nie in überfüllten Orten Fotoapparate oder Handtaschen lässig über die Schultern hängen oder die Geldbörse in die Gesäßtasche einer Hose stecken: Taschendiebe warten nur auf solche Gelegenheiten. Und Wertsachen natürlich niemals offen sichtbar im geparkten Auto zurücklassen.

Strom

Steckadapter braucht man in der Toskana nicht.

Telefon
Vorwahlen

D, A, CH ▶ Italien 00 39
Italien ▶ D 00 49
Italien ▶ A 00 43
Italien ▶ CH 00 41

Tiere

Hunde und Katzen benötigen zur Einreise einen EU-Heimtierausweis (stellt der Tierarzt aus) mit Nachweis einer Tollwutimpfung. Das Tier muss durch einen Mikrochip identifizierbar sein.

Trinkwasser

Leitungswasser kann überall bedenkenlos getrunken werden. In manchen Ortschaften

URLAUBSKASSE	
1 Tasse Kaffee	ab 1,50 €
1 Glas Bier	2,50–5,00 €
1 Glas Cola	1,50–2,50 €
1 Taxifahrt (pro km)	1,50–2,50 €
1 Liter Benzin	ab 1,65 €
Mietwagen/Tag	ab 20,00 €

hat es sogar Mineralwasser-qualität. Die Toskaner bestellen es nicht selten in Karaffen zum Essen in Lokalen.

Verkehr
Auto
Ein Auto ist das bequemste Transportmittel, weil sich so auch die hintersten Winkel der Toskana erreichen lassen. Ausgezeichnetes Kartenmaterial gibt es vom Istituto Geografico Militare (www.igmi.org) und in gut sortierten Buchhandlungen. Auch der Automobilclub Touring Club Italiano vertreibt gute Toskanakarten (auch an Tankstellen). Tankstellen *(benzinaio)* sind in der Regel von 7.30–12.30/13 und von 14/14.30–20/21 Uhr geöffnet. Fast alle akzeptieren Kreditkarten.

Fahrrad
Für trainierte Radler ist die Toskana mit ihren zahlreichen Landstraßen ein Paradies. Sie sollten jedoch immer auf motorisierte Raser aufpassen.

Mietwagen
Sie können in Florenz und anderen größeren Städten problemlos gebucht werden. In der Hochsaison vorbestellen!

Öffentliche Verkehrsmittel
Fahrkarten für Schnellzüge erhält man im Internet (www.trenitalia.it), für Regional- und Lokalzüge nur im Bahnhof oder am Automaten. Fast jeder Ort der Toskana ist mit öffentlichen Bussen erreichbar, doch die landesweiten Sparmaßnahmen führen zu Streckenstreichungen und reduzierten Fahrten. Die Toskana nur auf diese Weise zu besichtigen ist möglich, aber sehr zeitaufwendig.
– ACIT | Linienverkehr Pisa | Piazza Sant'Antonio 1 | Tel. 0 50 50 55 11
– ATAF | Florenz und Umgebung | Piazza Stazione/Rampa dell' Orologio | Tel. 05 55 65 04 62 | www.ataf.net
– ATAM | Linienverkehr Arezzo | Via Sette Ponti | Tel. 05 75 98 45 20 | www.atamarezzo.it
– COPIT | Pistoia und Umgebung | Piazza San Francesco di Paola | Tel. 05 73 21 70
– Lazzi | verkehrt zwischen den Provinzhauptstädten | www.lazzi.it
– SITA | Linienverkehr in der gesamten Toskana | www.sitabus.it
– TRA-IN | Stadtlinien | www.trainspa.it

Zoll
Auskünfte unter zoll.de, bmf.gv.at/zoll und zoll.ch.

2. Jt. v. Chr.

Die allerersten Funde menschlicher Siedlungen stammen aus der **Bronze-** und **Eisenzeit**.

351 v. Chr.

Sieg der **Römer** über den etruskischen Zwölfstädtebund.

Blütezeit der **Etrusker**. Gründung des Zwölfstädtebundes, der die Basis der etruskischen Herrschaft bildet. → S. 148

600 v. Chr.

59 v. Chr.

Julius Cäsar gründet die **Colonia florentia**: die Geburtsstunde von Florenz.

569

Eroberung der Toskana durch die **Langobarden**.

Ende des **Weströmischen Reichs**. Die Region gelangt unter die Herrschaft der Ostgoten und der Byzantiner des Oströmischen Reichs.

475

12. Jh.

Die große Zeit der »liberi comuni«, der freien Städte, die von Patriziern regiert werden.

um 1300

Die Stadt **Florenz** zählt etwa 100 000 Einwohner.

Markgräfin **Matilde von Canossa** vermacht ihre toskanischen Besitzungen dem Papst in Rom.

1115

Unter Medici-Fürst **Lorenzo il Magnifico**, dem Prächtigen, wird Florenz zum »neuen Athen«. → S. 90

1469–1492

1737

1550

Fall **Sienas** durch Florentiner Truppen. Die Schwes-
terstadt gelangt unter die
Herrschaft der Medici.

Ende der **Medici-Dynastie**
nach dem Tod von Gian Ga-
stone de' Medici, der keine
Erben hinterlässt. Die Toskana fällt an Österreich.

Unter **Napoleon** wird die
Toskana Teil des französischen Kaiserreichs.

1807

1814

Die napoleonischen
Truppen ziehen ab.
Die Toskana gelangt
erneut unter **österrei-
chische Kontrolle**.

1865–1871

Florenz ist **Hauptstadt
Italiens**. König Vittorio
Emanuele II. residiert
im Palazzo Pitti. → S. 66

Ein **Referendum** in der Toskana bringt den Anschluss
an das neu gegründete
Königreich Italien.

1860

1946

In Italien wird nach einer Volksabstimmung die **Republik** ausgerufen.

Benito Mussolini übernimmt als »Duce« die Herrschaft und führt den Faschismus ein.

1922

Flutkatastrophe in Florenz durch Hochwasser des Arno. Zerstörung und Beschädigung zahlreicher Kunstwerke.

1966

2009

Der Sozialdemokrat **Matteo Renzi**, Hoffnungsträger der italienischen Linken, wird Bürgermeister von Florenz.

Regionalwahlen: In fast allen Städten werden die Sozialdemokraten des PD im Amt bestätigt.

2013

In vielen toskanischen Städten verlieren die Linksdemokraten Bürgermeister an die rechtsnationale Partei **Lega** von Matteo Salvini.

2019

BILDNACHWEIS

Titelbild (Orcia-Tal), AWL images
Amiata Piano Festival 28 | AWL Images: Catherina Unger 143, Francesco Iacobelli 103, 134 | Bildagentur Huber: S. Torrione 170 | Four Seasons Hotel Florenz 71 | gemeinfrei 218 l., 218 r., 220 | Getty Images: Alinari Archives 91, Andrea Comi 21, Atlantide Phototravel/Guido Cozzi 83, Corbis/Alessandra Benedetti 68, Cultura RF/Arno Images 43, Cultura RF/Sofie Delauw 126, Dea/A. Dagli Orti 139, Dea/S. Amantini 130, Gamma-Rapho/Eric Vandeville 101, Gamma-Rapho/Marco Bulgarelli 95, Iguana Press/Roberto Serra 88, iStockphoto/bbsferrari 174, iStockphoto/Gian Lorenzo Ferretti Photography 119, iStockphoto/jjfarquitectos 72, iStockphoto/mrohana 39, iStockphoto/Noppasin Wongchum 50, Julian Elliott Photography 51, Laura Lezza 13, Mondadori Portfolio/Giorgio Lotti 221, Otto Stadler 11, Romano Cagnoni Klappe hinten, Tetra images RF/Sergey Orlov 150, Universal Images Group 166, Venturelli 61, Weerakarn Satitniramai 48/49, AFP/Gabriel Bouys 163 | Guy Bell, GBPhotos.com 40 | Imago: Frank Sorge 35, Independent Photo Agency 32, Xinhua 25 | La Fose, Paul Flanagan 26, Andreas Hub 133, Berthold Steinhilber 76, Galli 87, 154, hemis/Lionel Montico 22, hemis/Pierre Jacques 140, Raffaele Celentano 75, age fotostock 129, Frei, Franz Marc 188/189, Richter, Jürgen 125, Schoenen, Daniel 146, Saga Photo 177 | mauritius images: Alamy/Federico Magonio 84, Alamy/Ivoha 191, Alamy/Zoonar/Friedrich Kalcher 149, Alamy/alessio lucarini 78, CuboImages/Carlo Borlenghi 36, imageBROKER/Barbara Boensch 187, United Archives/M. Carrieri 17, United Archives/World History Archive 106 | plainpicture: AWL/Catherina Unger 6/7 | Schapowalow: Gianni Iorio 112, Johanna Huber 62, Massimo Ripani 192, Riccardo Spila 195, Stefano Amantini 201 | Seasons Agency: Jalag/Borges, Darshana 9, 196, Jalag/Lukas Larsson 14, 122, 136, Jalag/Lukas Spörtl 31, Jalag/Pacini, Isabela 52, Jalag/Spörl, Lukas 206/207 | Shutterstock.com: 360b 217, Agent Wolf 153, byvalet 219, claudio zaccherini 109, Diego Berna 216, Drop of Light 222, Evgeny Rivkin 5 oben, Fabio Rusticelli 115, Francesco de Marco 183, Giulio Bernstein 198, Karl Allen Lugmayer 18, kawhia 99, kyrien 179, lkonya 157, Lyudmila Shabalovskaya 44, Marzolino 220, Maxar Travel 96, Radiokafka 159, Sergej Onyshko 3, StevanZZ 169, Steve Lovegrove 184, Taras Verkhovynets 224, Triff 57 | Stock.adobe.com: MangAllyPop 67, robertdering 58, 64 | Thomas Migge: 5 u.

Liebe Leserin, lieber Leser,
wir freuen uns, dass Sie sich für diesen MERIAN Reiseführer entschieden haben. Unsere Autoren und Autorinnen sind für Sie unterwegs und recherchieren sehr gründlich, damit Sie mit aktuellen und zuverlässigen Informationen auf Reisen gehen können. Dennoch lassen sich Fehler nie ganz ausschließen. Wir bitten um Verständnis dafür, dass der Verlag keine Haftung übernehmen kann.

Ihre Meinung ist uns wichtig. Bitte schreiben Sie uns:
GRÄFE UND UNZER VERLAG
Postfach 86 03 66, 81630 München, www.merian.de

PEFC

PEFC/18-31-506

Leserservice
merian@graefe-und-unzer.de
Tel. 0 800 / 72 37 33 33 (gebührenfrei in D, A, CH), Mo–Do 9–17 Uhr, Fr 9–16 Uhr

© 2020 GRÄFE UND UNZER VERLAG GmbH, München
MERIAN ist eine eingetragene Marke der GANSKE VERLAGSGRUPPE.

1. Auflage 2020

Alle Rechte vorbehalten. Nachdruck, auch auszugsweise, sowie die Verbreitung durch Film, Funk, Fernsehen und Internet, durch fotomechanische Wiedergabe, Tonträger und Datenverarbeitungssysteme jeglicher Art nur mit schriftlicher Genehmigung des Verlages.
Bei Interesse an maßgeschneiderten B2B-Editionen:
roswitha.riedel@graefe-und-unzer.de
Bei Interesse an Anzeigen:
KV Kommunalverlag GmbH & Co. KG
Tel. 0 89/9 28 09 60
info@kommunal-verlag.de

Verlagsleitung Reise: Grit Müller
Verlagsredaktion: Susanne Kronester
Autor: Thomas Migge
Satz und Redaktion: Ewald Tange
Bildredaktion: Henrike Schechter
Schlussredaktion: Chris Tomas
Reihengestaltung: Independent Medien Design, Horst Moser, München
Karten: Huber Kartographie GmbH für Gräfe und Unzer Verlag GmbH
Herstellung: Renate Hutt
Druck und Bindung: Printer Trento, Italien

GRÄFE
UND
UNZER

Ein Unternehmen der
GANSKE VERLAGSGRUPPE

DIE TOSKANA EN DETAIL

Die lebensgroße Bronzeskulptur des **Schweinchenbrunnens in Florenz** schuf Pietro Tacca im Jahr 1612 nach einem griechischen Original, das Papst Pius IV. Medici-Fürst Cosimo I. 1560 schenkte. Seit 1640 ist das Wildschwein ein Brunnen und steht heute bei der Loggia del Mercato Nuovo. Der Rüssel ist blankgebohnert, denn zahllose Florentiner und Touristen streicheln immer wieder darüber. Das soll Glück bringen. Allerdings nur vor dem Rüsselstreicheln eine Münze ins geöffnete Wildschweinmaul gelegt wird. Fällt sie herunter und springt ins Brunnenwasser, besteht eine Möglichkeit auf Wunscherfüllung. Wichtig ist, dass die Münze dafür schwerer ist als ein paar Cent! Übrigens widmete Hans Christian Andersen eine seiner Fabeln dem Brunnenschwein, und in den Harry-Potter-Filmen taucht das Florentiner »Schweinchen« als Einrichtungsgegenstand in Hogwarts auf.

Toskana

Genua

Lusuolo

Aulla

Fivizzano

Codiponte

La Spezia

Carrara

Marina di Carrara

Massa

Marina di Massa

Grotta d. Vento

Forte dei Marmi

Pietrasanta

Borg a Mozzan

Lido di Camaiore

Riviera della Versilia

Viareggio

Lucca

L. d. Massaciucco

Parco naturale di Migliarino, San Rossore, Massaciuccoli

S. Piero a Grado

Pisa

Rigo

Marina di Pisa

Tirrenia

Cascina

Livorno

A12

Antignano

Isola Gorgona

Parco Nat. dell' Arcipelago Toscano

Quercianella

Castiglioncello

Vada

Marina di Cecina

Riviera degli Etruschi

Parco Nat. dell' Arcipelago Toscano

Marina di Bibbona

Donoratico

S. Vincenzo

Isola di Capraia

Golfo di Baratti

Populonia

Tyrrhenisches Meer

Piombino

Pur

Portoferraio

Porto Azzurro

Isola d'Elba

Isola Pianosa

Pianosa

Parco Naturale delle Alpi Apuane

Garfagnana

Camp

Cas

Borg

Vento

Olbia, Bastia

Golfo Aranci

Isola di Montecristo

Gigl

0   30 km

© MERIAN-Kartographie

Schweiz

Österreich

Frankreich

Slowenien

Mailand

Kroatien

Genua

Monaco

Florenz

Korsika

Rom

Italien

Sardinien

Tyrrhenisches Meer

Neapel